おいしいもののまわり

土井善晴

はじめに

「おいしいものが食べたい」と、食べる人は求める。おもてなしの極意は、「食べる人のことを思ってつくる」を格言として、料理屋では、競うように工夫を凝らす。食べる人はお金を払う人だからと、意外と対価以上にきびしいことを言う。美味しい、おいしいよ、オイシイッ！　おいしくなくては料理ではない。世の中はまさにオイシイッブームである。

大都会のオイシイッは、刺激の強い外食の味が基準になった。健康志向とは裏腹に、刺激は常にエスカレートする。やがて、家庭の中でも、そのオイシイッが求められるようになる。

ブームに乗り切れぬ私は、知らない外国料理の名前を若い人に教わることも多い。それほど刺激的なおいしいものを食べたいと思わないのは、年のせいだと言われればその通りなのだが、そもそもおいしいと思っているもの、あるいは感じていることがすでに違う。

家庭でもいつの間にか、食べる人（食べること）が、主役になっていた。

食べる人というのは、お腹が空けば機嫌が悪くなる。お腹を空かして、メニューを見れば、濃厚で量の多い空腹を満たす料理を選ぶ。お腹を空かしてデパ地下を歩けば、なんでもおいしそうに見えてきて、気がつけば食べきれないほど、余計なものを買っている。そのような食べる人が私の中にもある。ようするに、食べる人というのは、感情的で、自分勝手なものなのだ。すでに冷静ではないといえる。そんな〝食べる人〟に、大切な食べることを任すわけにはいかない。

料理とは命をつくる仕事である。ゆえに、料理はつくる人が主役でなければならない。つくる人は、料理の背景にある大自然、その土地の風土に育まれた食材を生かし、歴史的事件に影響されながらも、もっとも最善の調理法を見い出してきた。土産土法をもって、民族の命を健全につないできたのだ。加えて、食べる人を愛して、その人の健康を願って料理する。料理をつくる人は、自分の都合で料理するのではない。たとえ戦地にあっても、子供の手を引いて、大切な鍋をかぶって逃げるのだ。どんな状況であっても、なにか食べさせなければならない。

料理することはすでに愛している。食べる人はすでに愛されている。それを当たり前のことと信じて疑わない。そうして、料理をつくる人が食文化を担っている。

自然の摂理に従えば、身体に良いものは、必ずおいしいもの。おいしいものは、はかないものである。音楽にたとえれば、ロックコンサートのように刺激の強い音ではない。耳を澄ませなければ聞こえない、鳥のさえずりや川のせせらぎのような穏やかなるもの。真のおいしさとは、舌先で味わうのではない、肉体が感じる心地良さ、ひとつ一つの細胞が喜ぶものなのだ。

もくじ

本書は、雑誌「おかずのクッキング」（テレビ朝日・刊）に
二〇〇七年から二〇一二年まで連載されたものを加筆・
修正し、まとめたものです。

写真：澤井秀夫

（「はじめに」は鹿島建設社内報「月報ＫＡＪＩＭＡ」六七五号より再録）

季節を感じること、信じること

「おばあちゃんは芋を煮るのが上手だったね」という。それは、おばあちゃんは芋を上手に煮る技術よりも大切なことを知っていたからだ。だいたい、芋を煮るレシピはなかった。

それは、おいしく煮えるお芋を求めること。里芋であれば新芋が採れる秋。それも掘り立てのツルリと皮がむけるような芋であれば、どのように煮ても……たぶん、だれが煮てもおいしく炊きあがる。

おばあちゃんは、芋を煮ようと思う時期を間違えないし、おいしく煮える芋を選んでいる。もし、その芋が煮ても火が入りにくい芋だなと思えば、煮物ではなくて、他の食材と一緒にして味噌汁に煮込んでしまうだろう。

この頃は素材の大切さを物語ることが少なくなったように思う。素材そのものの話よりも、「どうやってつくるの？」という話ばかり。気がつけば、私たちは自然からずいぶん離れてしまっているのかもしれない。

「今年のもち米はようできとる」「初物の苺や」「空豆がお歯黒になった」「葱は霜が三回あたっておいしくなる」。祖母や母が毎年めぐってくる食材の印象を、ときどきに口にするのをいつも聞いていた頃を懐かしく思う。

旬の魚は美しい

旬の良い魚を見分けるコツは、日本画に描かれた鯛、蛤、海老のように美しいものを見つけることである。自然の姿は美しい。ゆえに、おいしいものは美しいというのは真実だ。

大阪・黒門市場の魚屋さんの前に立ち止まって、魚を眺める。美しい魚は、鮮度が落ちないようにていねいに扱われたものだ。そのために漁師は一本釣りにして船床のいけすに移し、港についてから、あるいは生かして市場で活け締めする。

活け締めとは日本独特の技術で、死後硬直を遅らせて、ぷりぷりと弾力のある身を持続させる。ご存知の方も多いと思うが、三十年ほど前から、魚の神経を破壊して死後硬直を遅らせる技術が開発され、広くおこなわれている。こういった鮮度を落とさないで保つ昔ながらの技術のおかげで、日本のお刺身はだんぜんおいしく食べられるのだ。

活け締めにされた魚は、その筋肉を滑らかにくねらせ、生きた魚同様に、うろこやヌメリが皮肌を艶やかに見せている。笊《ざる》に並べられ、笹などの緑があしらわれているが、良い魚屋さんにしても、良い料理人にしても美意識を持っていること、美しさを求めることがなければいい仕事やおいしいものは生まれない。

五感でおいしさを見つける

四月、スーパーマーケットに入った瞬間にプンといい匂いに迎えられた。いい匂いの正体は子どもの頃から親しんだ春の苺だった。つい嬉しくなって、ひとつ買い求める。なにより苺自身が正直に、おいしさを示しているのだから、疑う余地はない。大自然は嘘をつかない。

　だれに教えられることもなく、自らおいしいものを見つけることは喜びだ。日常の閃《ひらめ》き、小さなことであっても、身体に新しい血を流してくれるような気がする。

　脳科学者に聞けばきっと「それこそ百歳になっても元気に、幸せでいられる秘訣です。いつも新しいものを見つけようとする好奇心を持つことで、だれでも日野原重明先生みたいになれるのです」と答えてくれるに違いない。

　クリスマスをピークにずいぶん早くから売り出されていた苺にようやく露地物の季節がやってきた。この頃は旬の解釈も二通りあって、流通量の多いクリスマスが苺の旬だという人もあるが、自然がつくり出す旬は、人間の自由にならないものである。その証拠に、人間がいかに技術を駆使して季節外れに姿形は同じような果物や野菜をつくったとしても、天然自然の真味をつくり出すことはできない。旬のおいしさは天の恵みであって人間業《わざ》ではないのだ。

　春の苺の匂いからはじまって、初夏の梅の香り、桃の豊かな匂い、トマトの青臭い匂い、スイカや胡瓜の夏の匂い、秋のりんごの匂い。とくに春から夏にかけては果実の強い匂いでたびたび目を覚まされる思いがする。

　果物の販売に糖度という数字が示されていることがある。甘みはおいしさのほんの一部の要素であって、おいしさの根拠ではない。甘い果物を多くの人が喜ぶからと説明されても、信じることはできない。本当のおいしさとはそんな単純なものではないことは、記憶の中にある。子どもの頃食べていたトマトは、もっとおいしかった。それは甘いだけでなく、酸味も渋味も、強さも優しさもあった。正反対の刺激、すべての味がひとつに収まっていたではないか。どちらかと言えば甘さよりも、豊かな匂いがあった。

　マーケットの商品は五感を刺激

し、さまざまなおいしそうな情報とともに売り出す。これによって、客は自ら気づく必要がなくなった。これを業界では「感性マーケティング」と言う。そのおかげで私たち自身の感性は無感性化し、やがて、無用化し、鈍感、無関心、無責任になる。便利で豊かな情報にすべてまかせて、自分の能力も努力も想像力も放棄してしまう。

そもそもが経済行為である情報は程々に聞いておくくらいでちょうど良い。自ら感じ、察する能力をしっかり持ちたい。

食の場の区別

食材は産地から都市まで運ばれてくる。その間に、ただ鮮度が落ちるだけでなく、その食材を取り巻く環境が変わる。食材から受ける人の感じ方も違ってくる。野にある花と、都会の花屋にある花が違うように。

自然の中にある食べもの

子どもの頃の山歩き、赤い色に誘われて、おそるおそる口に入れた酸っぱい野いちご。花壇の赤い花の蜜のありかを教わって、花びらをつまんで吸ったほんのりした甘さ。だれもがこんな経験を持っているだろう。

赤く熟したリンゴの実をもいで、表面をちょっと袖に当ててこすって、がぶりと齧《かじ》る。海の上で、漁師さんが釣り上げたばかりの鰺《あじ》を、使い込んだまな板でさばき、血やウロコをざぶりと水をかけて流し、ぶつ切りにして、昼のおかずにする。陸《おか》に上がっては、焚き火の炎の中に生きた鰺をそのままに投げ入れて、黒く焼け焦げた魚の皮を鱗もろともぺろりとはいで、むしゃむしゃ食べる。

このように私たちは自然の空の下、黒い土の上にあるとき、生きている食べものを、大胆に、手をかけずにおいしく食べることができる。それは最高においしいもので、人も自然の内なのだと感じる。

都市の中の食べもの

でも、都市に住む私たちが、魚屋さんで買ってきた魚を使って、漁師さんと同じようにやってはいけない。それは魚の元気さがまったく違うからだ。私はマーケットで買ってきた魚を持ち帰ったとき、すぐに鱗、内臓、血や水分を完全に取り除く。魚の水分を拭き取って水洗いが終われば、一度、シンクやまな板、鱗や血が飛び跳ねたその周辺をきれいに、洗剤をつけて洗い流す。改めて、水洗い用とは別のきれいなまな板を置いて魚

をおろし始める。

生産者のお母さんたちが、「ほうれん草は十五秒で茹で上がる」と言っても、マーケットで求めたほうれん草が十五秒で柔らかくなるはずがない。野菜の産地や採れ立てをその場で料理するのはいかにもおいしそうで、生産者が言えばそれがすべて正しいと信じがちだが、都会のマーケットで買った野菜では同じようにはいかないものだ。茹でるのに二倍も三倍も、いやもっと時間がかかる。地元の食材は地元で食べるのがもっともおいしい。

秋の栗もピカピカ光った拾ったばかりの栗であれば、鬼皮をむいて十五分も茹でれば柔らかくなる。ツヤのない普通に買ってきた栗なら一時間茹でても柔らかくならないだろう。

さっきまで元気に泳いでいた魚、今まで木になっていた果物。自然そのものの力というのは圧倒的で、人が乱暴に扱ったところで、そう簡単に弱まるものではない。ところが、少し時間が経つと、その自然の生き生きとした命の力は急速に弱まる。

鮮度の良さやおいしさを示すために、生産者自身が担いでくる野菜には、「朝引き」、「掘り立て」「摘み立て」と表示して売られていることがある。それらは味が良いだけでなく、栄養価も高い。ゆえに、調理はごくシンプルで短時間で良い。その違いには、数値では表せない生き物の秘密があるように思う。鮮度が落ちるというのは、命がなくなっていくことでもある。

それにしても、野菜の鮮度が価値あるものとして考えられていない。値段に評価されないのはなぜだろうか。生産地で鮮度の良いものは値が安く、人の手を経るごとに値が上がっていく。マーケットに並ぶまでに少なくとも三日くらい経ったものがもっとも値が高くなる。

本物を食べたい、ほんとうを知りたいならば、自らその土地に足を運ばなければならない。

内と外の区別をすること

畑から掘り出した泥付きの野菜は、水場できれいに洗ってから家の中に入れたものだった。外と土間を経て台所があり、そこに神棚をつくる。

今も「外にあるもの」と「中に入れるもの」を区別することは、素材を生かす日本の調理法にとってもっとも大切なことだ。内と外では、素材を取り巻く環境が変わるのだから、手を入れる。マーケットから買ってきた食材も同じことで、冷蔵庫に入れる前に、ちょっと意識して手を入れると、お料理の味はすっきりとする。

道具の区別

昔のように下処理と調理する場所を区別するなんて今ではできない。汚れを落とすシンクも、料理するシンクも同じところだから、作業と作業のあいだにさっと片付けて、一度きれいにして、けじめをつけると良い。

道具を区別する。下仕事と仕上げの仕事を分けるために、まな板、包丁、布巾を分ける。ニンニクや玉ねぎなど匂いの強い野菜を切るまな板は、別の物を使う。まな板だけでなく、魚や玉ねぎを切った包丁で果物をむいて食べるのは、気持ちの良いものではない。

牛乳パックなどを洗って、使い捨ての下処理用のまな板とするの

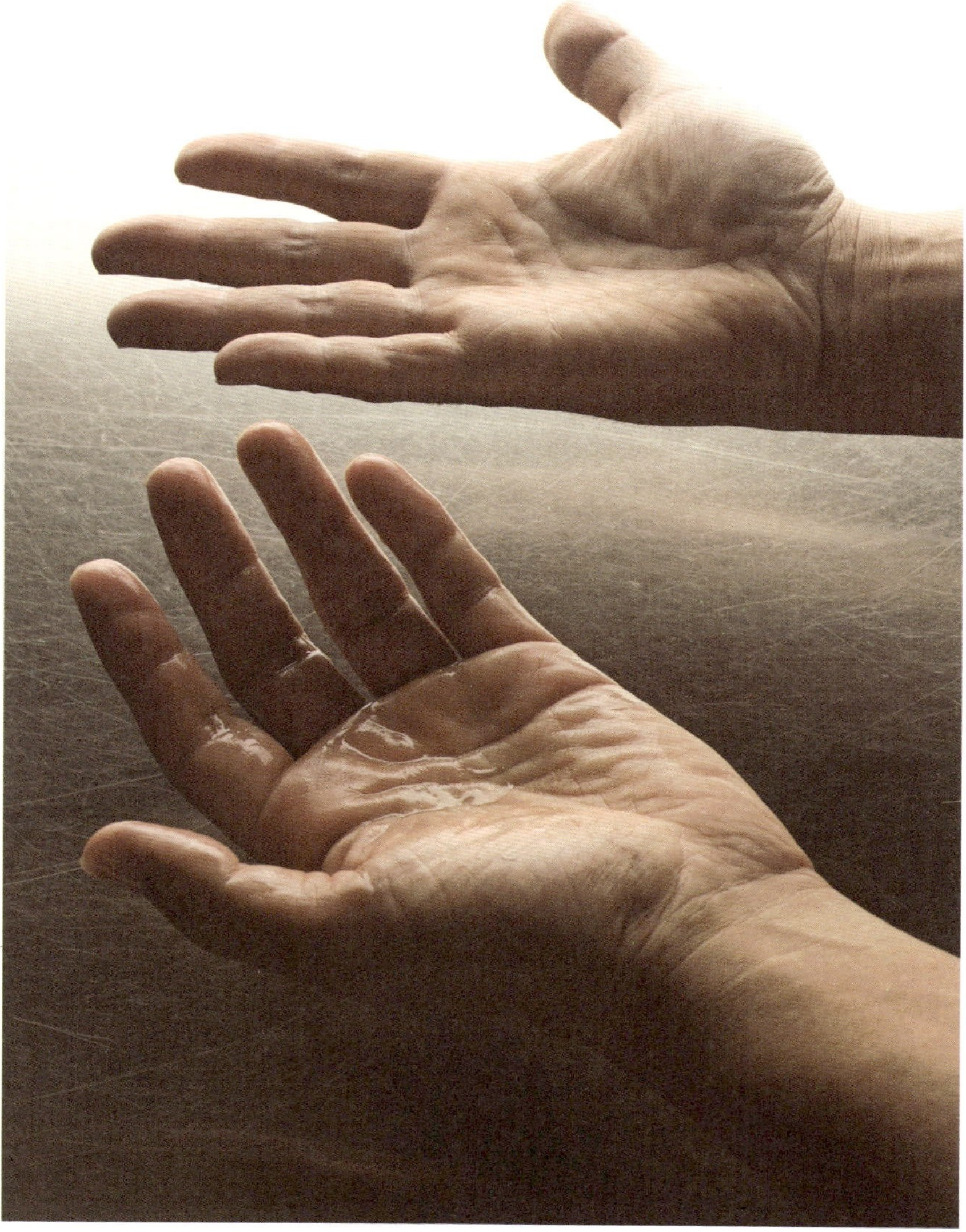

も良いだろう。

右手と左手の区別

右利きの人であれば右手は「道具を持つ手」。左手は「素材に触れる手」。これによって右手はいつもきれいな状態を保つことができる。両方の手で肉に触って、そのまま包丁を握れば、包丁の柄が汚れる。柄が汚れれば、その汚れはそこらじゅう触ったものすべてを汚してしまう。その汚れとは雑菌で、こうして広がった雑菌が二次汚染だ。

料理する人は、自分の手の汚れを意識しているもので、それは、医者が手術前に手を意識して、手の平を内にむけて胸の高さまで上げているのと同じだ。この手が清潔であるという意味であって、もし汚れれば手を下ろさなければならない。そのように、料理するときには、自分の手がどれほど汚れているか、どんな匂いがついているのかを知っていなければならない。

そうすることで、次の作業に移るとき、石けんで手をよく洗うべきか、さっと洗うだけで良いのかを判断できる。一度、意識して料理すれば、そのほうが合理的に調理できることに気づくし、やってみれば意外と簡単にできるものではないかと思う。これが身につけば、料理は一気においしくなる。

このようにひとつのお料理をつくるにも、私たちは、たくさんのものを区別して料理している。それを間違うと、お腹が痛くなったり、事故が起こったり、センスが悪いと思われたりするのだ。その場にふさわしい下ごしらえをする。これを調理の基本という。自分らしさをプラスするのはその後だ。

台所のお布巾

お布巾は区別すること

私が料理していると、自分では意識していないが、しょっちゅう布巾を使っているらしい。切り物をしているときは固く絞った布巾で、その都度まな板を拭き、包丁を拭く。煮物、揚げ物をしているときは、鍋の中をながめながら、レンジを拭いている。ひとつの作業が済めばすぐに汚れや水気を除くということが、和食の調理以前の基本、あるいは生活習慣だ。これによって和食の特長が維持されている。

確かに調理中、日本のような目的で布巾を常に使用する国を知らない。フランス人が使用するのは、トーションと言われる白い布巾で、汚れを落とすというよりも、オーブンに直接入れた熱い鍋に触れるために、鍋つかみとしておもに使われている。和食の調理場では、何種類かそれぞれ用途が決められたものを用意しているが、それは家庭の台所でも同じことで、使い道に応じて数種類の布巾がある。どこの家でも「食卓を拭くのは台布巾。床を拭くのは雑巾。上のものと下のものを区別しなさい」と子どもの頃に教えられたものだ。

私の調理場では、大まかに「白いお布巾」は野菜や肉類全般、匂いの強い魚用には、はっきりと分かるように「黄色いお布巾」を使っている。魚の匂いがついた布巾を他のものと一緒にしていると、全部に魚の匂いが移ってしまうからだ。洗濯方法も保管場所も分けている。真新しい「さらし布巾」は、火を入れないでそのまま口にする刺身や、匂いが移ってはいけないだし汁を布こしするときに用いる。さらし布巾は使うときにビリッと裂く。一度使ったさらし布巾は上のものから下のものに、使い下ろしていく。

これらの他に、器を拭き上げる「食器用布巾」。固く縫い込んだレンジ用の「台布巾」。床など汚れ

た場所を拭く「雑巾」。食卓やお膳を拭くための「蚊帳布巾」。砥石用、ぬか床用など用途を限定しているものがある。

お布巾を洗うことが、調理のリズムを生む

布巾が汚れれば必ずため水やぬるま湯で洗う。もっと汚れれば、洗剤を使ってその場で洗濯する。魚の血がついた布巾などはひとまずため水につけて、チョロチョロ水を流してさらす。

ひとつの作業と作業のあいだに、布巾を洗ってきれいにすることが、調理のリズムを生む。複数の調理を同時に進めているとき、料理人は汚れた布巾を洗うというほんのわずかな時間に、全体を見渡し、次に続く作業を考える。

ちなみに料理屋の仕事では持ち場が決まっているので、各ポジションの担当者が自分専用の一枚の布巾を朝から晩まで、しばしば洗いながら清潔に保って使う。

作業中であれ、布巾を洗うことで、頭が整理されるのだ。人間は手を洗うことで、それまでのことを少し忘れられて、新しい気持ちになるという研究者の報告を読んだが、手洗いが気分転換になって、ひとつのけじめになることは実感できる。

懐石料理のお席では、一通りお料理が終わればお膳を下げて、汚

れていなくてもお客様の前をさっと一拭きしてから、水菓子をすすめる。「汚れていないテーブルなのに、どうして一度拭くのですか?」と見習いの女の子に聞かれたことがある。それが余計なことのように思ったらしい。それはもちろん、ただ汚れをきれいにするのではなくて、浄《きよ》めているのだ。目に見えない汚れを取っているのだが、お客様はさっと目の前を拭いてもらうだけで、場が浄められてすっきりとした気持ちになる。それまでの食事はいったん終えて、また新しい気持ちで水菓子を楽しめる。ちなみにフランス料理で、メインディッシュの後にパン皿も下げられたとき、白いクロスの上のパンくずをきれいにしてくれるのも同じこと。こういった気分はどこの国でも同じだと思うが、これを意識的に強調して、細やかにおこなうのが日本である。

懐石料理では、たびたびサービスされるおしぼりもそのひとつであるが、熱々の蒸しタオルをまず出されるというのは、外から来た客にとっては気持ちが良く一気にくつろげる気がする。そのようなおしぼりはその店で手づくりされており、お客様が来る前に、真っ白い上等のタオルでつくったおしぼりをタイミングよく蒸す。こぼした醤油などを拭かれるとがっかりするが、このおしぼりの心地良さの出来映えひとつで、その店の心意気のようなものを感じ取ることができる。

きれいな味を生む秘訣

お布巾は調理のけじめをつける。場所や調理方法によって区別され、また、時間も区別する。けじめをつけ、常に清らかな気分や場をつくることで素材を生かす日本料理が出来上がる。

調理法がシンプルであるから素材の良さが際立つ。それだけにわずかな雑味でも素材の持ち味の邪魔になる。日本人のもっとも好む澄んだ味を生む秘訣。これを私は「きれいな味」と言っている。

雑味をなくすことで格段に料理が良くなる。生の魚を安心して食べるお刺身はその象徴だろう。今では外国でもお寿司が定着しているが、その辺りのことを考えると外国のお寿司はいまだに不気味に感じるのは私だけではないと思う。たいていは使い捨ての調理手袋やラップを使うことで、済ませているようだ。使い慣れない布巾は使いこなせないのだ。

日本の寿司屋のように布巾をきちんと使いこなせるかどうか。家庭でもお布巾を上手に使いこなすことは、料理上手のひとつの目安に違いない。

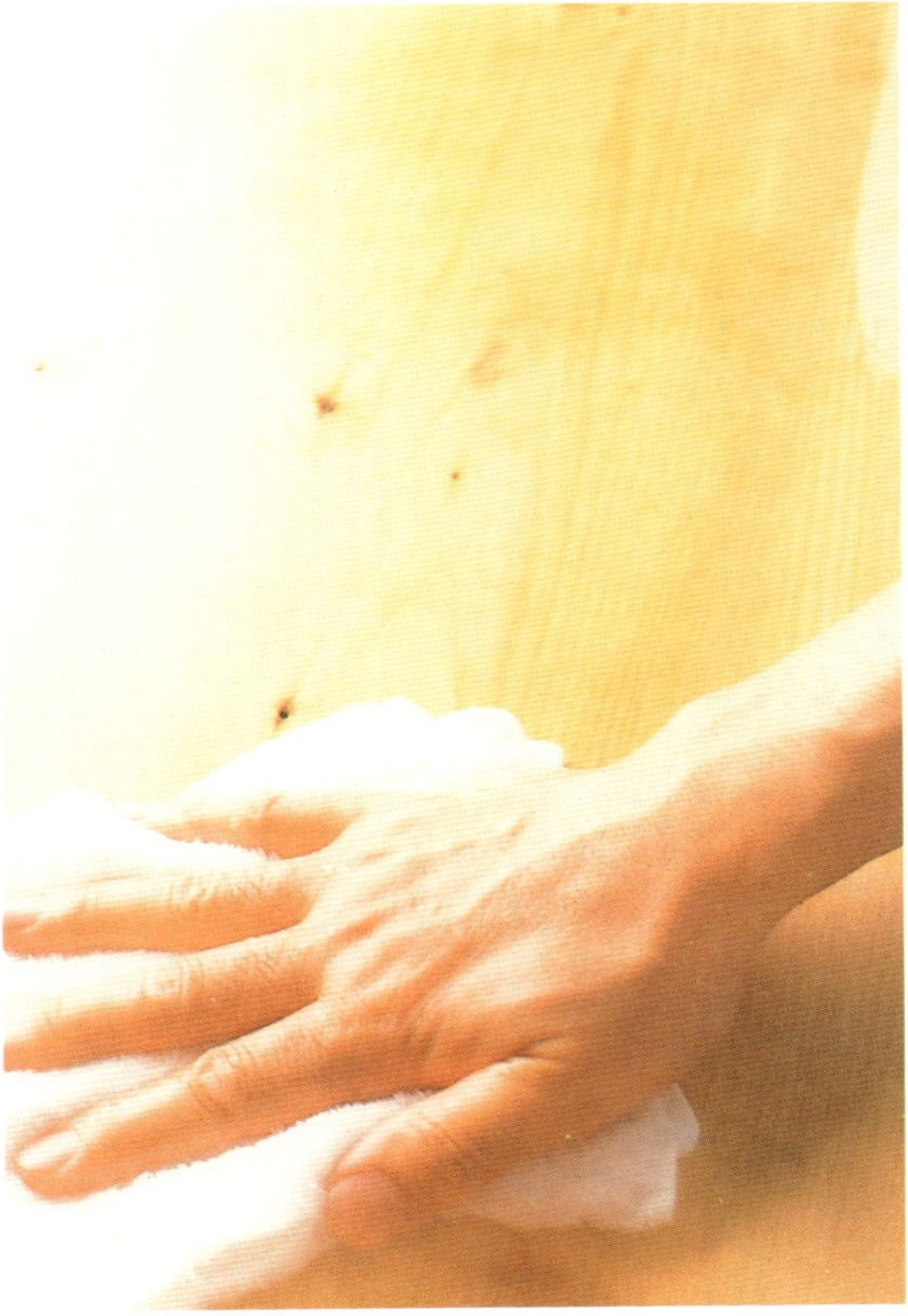

計量とレシピと感性と

計量の仕方を いつも同じにすること

正確に計量してレシピをつくることで、はじめて料理が再現可能になる。一年に一度しかつくることのないお祝いの料理。去年までの経験の蓄積を生かしたレシピを参考にすることで、準備よろしく安心して料理が始められる。

計量は、正確におこなってこそ、計量したことになる。計量するには、まず用いる調味料を小鉢に移す。私は醤油の入った小鉢を左手に持ち、計量スプーンで自然にすくい取る。醤油に表面張力が働いて計量スプーンから少し盛り上がる程度を基準にしている。大さじ1の醤油といっても、醤油をすくう方法によって微妙に分量が変わってしまうからだ。

計量カップで水を量るときも、ボールにため水をしてから、表面張力が働くようにすくい取ることを基準にする。水道の蛇口から勢いよく出した水を、直接計量スプーンやカップで受けて量ろうとしても、正確に計量することはできない。計量をいい加減にすれば、1カップに生じるわずかな誤差であっても、5カップになれば、結果、4分の1カップ以上の差になってくる。

計量スプーンや計量カップにもいろいろなものがあって、厳密に言えばすべて違うかもしれない。ゆえに同じように計量してもよほど気をつけなければ同じ分量にはならないものと心得る。

大切なことは、自分が使う計量器はいつもこれと決めて、同じものを使用すること。計量の方法もいつも同じにすることで、基準が生まれ、レシピの再現性は高まる。

レシピに頼れば、 人間は油断する

では、正確に計量すれば、百点満点のおいしいお料理がつくれるかといえば、そうではない。レシ

ピ通りにつくっても、七十点ほどの仕上がりになってしまう。それはなぜだろうか。

そもそも料理はつくり手の五感を総動員してつくるもの。おいしくつくろうとすれば、無意識のうちにも感性を働かせている。ところが、レシピに頼れば、人間は油断するか、楽をするのが常で、自らの感性を働かせなくなる。流れ作業のように機械的につくると、料理はその程度の味になる。

しかし、調理に集中して、経験と五感を総動員してつくれば、予想を超えたおいしいものができることさえある。感性を磨けば、数字では表すことのできないほどの微妙な加減ができるのが人間の力だ。香りを感じて、味つけしただし汁をよく見て「きれいだな」と感じるようなところに、おいしさは潜んでいる。

熟練したプロのようにはいかずとも、計量しても、味見をする。鍋の音を聞いて火加減を調節する。クツクツと優しい音がしていれば良いが、ゴボゴボではいけない。箸の当たる感触で野菜の柔らかさを確かめる。火を止める前にもう一度味見する。経験を積めば数字よりも自分の感覚が信じられるもので、信じていた数字の誤りにも気づくことができるはずだ。

おいしい料理をつくるためには、なんだか気持ち良く調理が進むのを感じ取る。心地良さがおいしさの道標になって、楽しく料理するということにつながると思う。そうできれば、当たり前の食材も、毎日のことでも、いつも新鮮に立ち向かえる。心動かして、いつも新しい気持ちで料理することは自由で楽しいものだ。

さて、さらにプロのように、大量で複雑な仕事をするとなれば、そのためには基本的な目安となる分量が必要となる。ある程度はレシピを参考にすることで調理の負担は軽くなり、大量の仕事に対応できる。大まかな仕事は分量に任せて、自分の感性を働かせる余裕を持ちながら、調理が美しく進むのを見守るような感じである。それはプロの調理場における、シェフとセカンドシェフの役割を区別した関係である。セカンドシェフのおかげでシェフはいつも穏やかな気持ちで調理場にいられる。

レシピの割合

たとえば1：1：4のそうめんつゆをつくる。4分の1カップの醤油とみりん、1カップの水を入れて、削り鰹をひとつまみ入れて火にかける。

　分量の倍量を火にかければ、水分の蒸発率の違いで味も色も薄くなる。では同じ濃さまで煮詰めれば良いかというと、火にかけた時間だけ風味が失われ、味わいが重たくなる。調理の現実では、1：1：4と2：2：8はまったく違うのだ。1：1：4の水分を相当に減らす必要がある。ようするに、割合を頼りにするだけでは、足りないことが分かる。

　つくる分量、鍋の大きさ、火力、時間が変われば、同じものは出来上がらない。これが料理である。

　レシピの数字は目安でしかない。目安を持つことで、完成度は七割。後、いかに百に近づけることができるかが器量である。

　自分の知恵と感性を働かせることで、はじめてほんとうにおいしい料理がつくれるものと思う。自然の食材はいつも違うもの、だからお料理は面白い。

お料理をする箸

多様で複雑な箸の役割

若い人でお箸を持てないという人があれば、恥ずかしがらずに一度きちんと教えてもらうとよい。私も子どもの頃、兄弟揃って母親に教わった記憶がある。一度教われば、その場でできる人もあるし、習ってから、しばらくきれいに持つように心がければ、だれもが、上手に使えるようになるものだ。外国の方でもお箸を上手に使う人が珍しくなくなった。外国の方がお蕎麦を楽しんでいる様子を見ると、なぜか嬉しくなる。

食事をするには困らないが、実践的な調理でお箸を使うとなると、そう簡単ではない。フランス料理でも日本人であれば、お皿にハーブやエディブルフラワーを飾るとき箸を使う人もあると思うが、フランス人にはやはり難しく、ピンセットを使うことになる。修業していた料理屋で松花堂弁当などをオーダーに応じて盛り込んでいたが、慣れないうちは箸が思うように動かなくて困った。疲れてくると箸を持つ手がつってしまう。やはりある程度訓練がいるようだ。箸が自由に動くようになることは嬉しかった。

箸がピンセットと違うところは、箸は手の延長になるところだ。箸で触れれば、固いものは固く、柔らかいものは柔らかく、感じ取ることができる。こういった繊細に手に伝わる素材の感触が、微妙なニュアンスをつくる盛りつけに生かされている。

料理する人は無意識のうちに箸と素材の当たりを感じながら料理している。柔らかい芋や豆腐を煮ながらも箸が当たって芋が傷つかないように、無意識のうちに、菜《さい》箸《ばし》の上下を返して、細い方を握っていることもある。

箸とは素材をつまむための道具のように思うが、実際の調理では実にさまざまな使い方をしている。

木べらの代わりに材料を混ぜるとき、炒るときに使いながら、つまんで返す。柔らかく煮た穴子や煮魚を壊さないようにそうっと箸を当てて、二本を大きく広げてすくい取る。箸を鍋かえしのように使っているのだ。

柔らかいだし巻き卵を焼くときに、箸でつまむように当て、柔らかく火の通った卵に触れながら返すことは、箸を正しく使いこなせなければできないだろう。その箸を他の道具に持ち替えることなく、油を全体に広げるガーゼをつまんで動かしている。

このように、箸はひとつで複合的な役割をしている。料理をするならば、きちんと箸を使えることが大切であることが分かる。

箸で盛ること

和食では、料理を盛るときは、箸を決して右手から離すことはない。和え物、酢の物なら、まず、複数の食材をひとつのボールに入れて、和え衣や合わせ酢を加え、箸に左手を添えて和える。左手で直接材料に触れて箸を添えて、形を整えて、そのまま器に盛り込む。料理する人の手は清潔であることが前提であるが、この左手は「五本箸」と言われて直接料理に触れる。このとき、和食のルールとして、右手は箸から決して離してはいけない。そして左手は料理以外に触れることはない。もし両手で料理に触れてしまえば、器にも、箸にも触れられなくなってしまうからだ。

汚れた手で、器や道具を触れれば、器を汚し、道具を汚してしまうことになる。両方の手でサラダを合えたり、和え物をつくったりしているのを見ると、あの手はいったいどうするのだろうかと思ってしまう。手を洗うにも、水道のハンドルを汚してしまう。手は洗ってきれいになっても、再びハンドルに触れればまた汚れると考えるのが衛生管理である。箸が清潔な和食をつくっている。

料理箸いろいろ

調理用に使う箸を並べてみたが、それぞれに役割がある。

写真（左ページ）手前から割り箸、盛り箸、菜箸の小・大、真菜《まな》箸、火箸。

「菜箸」は一般的な料理箸として、どこの家庭にもあるだろう。炒る・返す・混ぜる・移す・盛ると、使い道は多様だ。家庭料理の調理箸であればたいていはこれだけで間に合う。求めるときにはころころと転がして、ガタガタしない真っすぐなものを選ぶ。竹製の菜箸は揚げ油に入れると箸先から出てくる気泡の勢いで油の温度を確かめられる。金属製の揚げ物箸というのがあるが箸自体の温度が熱くなって危ないから使っていない。

「割り箸」は、削り立ての新しいものとして、日本人にとっては未使用のものという清潔感がある。

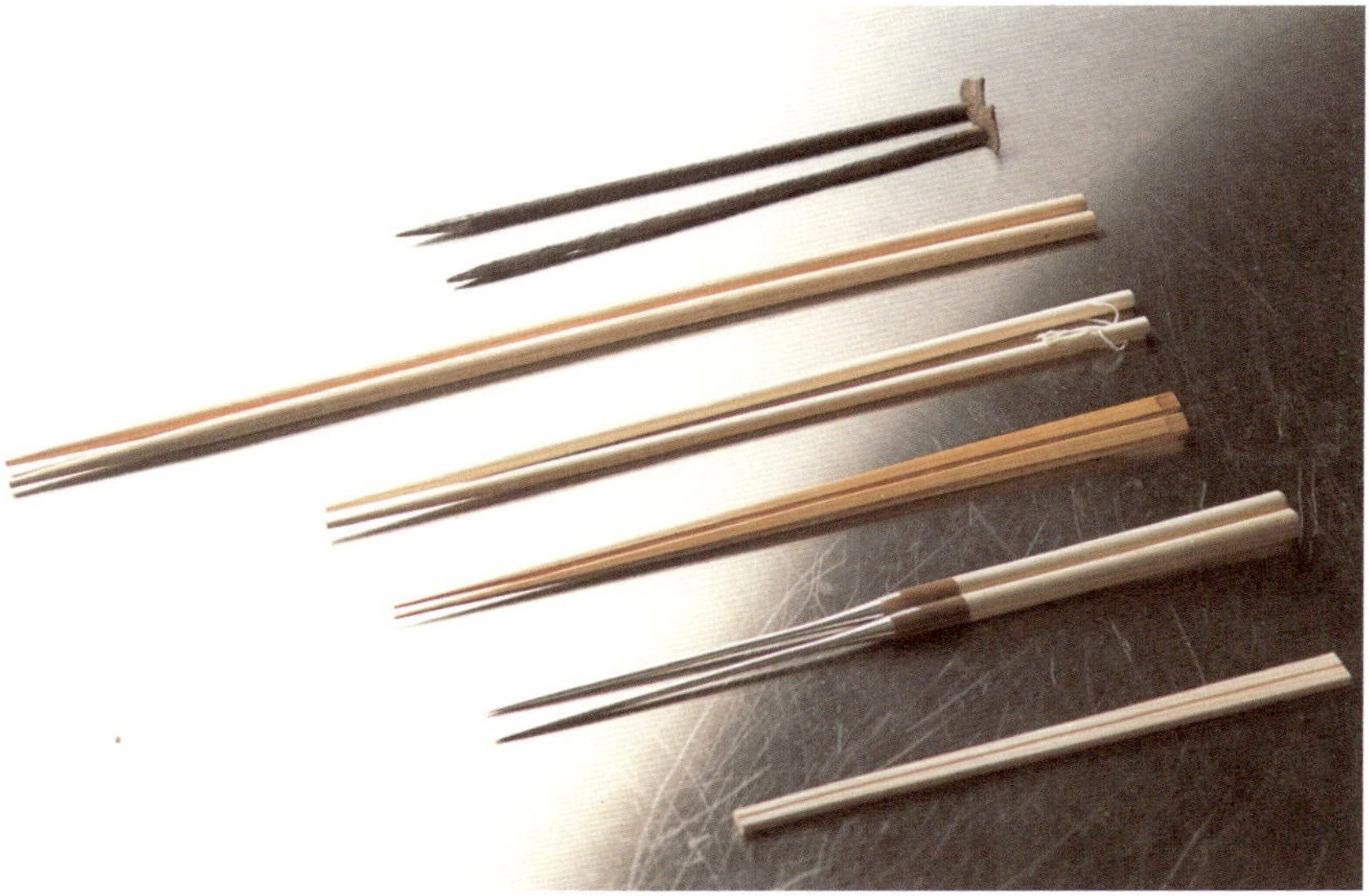

使い捨てる気軽さで、清潔でありながら、汚れても、箸先が燃えてしまってもよいので、とても役に立つ箸だ。魚や餅を網に載せて炙《あぶ》り焼きにするときにありがたい。すり鉢の溝に入り込んだ胡麻を集めとったり、おろし金ですりおろした青ゆずをシャッシャと「振り柚子」にするのも、木質の柔らかな割り箸である。

「盛り箸」。ていねいに美しく形を整えられているのは、多くのプロに使われている。お料理好きなら、お刺身やお弁当、お重詰めなどには重宝する。お吸い物に山椒の葉を添えるにも、気持ち良く使える。盛り箸は、京都の市原さん*のものが特に美しく、使い勝手がいい。使用材である竹が吟味されているせいか、清潔にとても長く使える。

「真菜箸」は、庖丁人の道具だ。私の父の世代の料理人は盛り箸として必ず使っていた。真菜箸で素材を指し示して、解説する父の仕草を、ある噺家が「きざだね。真似してみたい」と語っていた。

「火箸」は、カンテキ*にいこった炭を動かして温度を調整する道具箸である。いろりや火鉢の灰には必ず突き刺さっている。

市原のご主人が、土井勝を箸使いのもっとも美しい日本人と選んでいただいたことを、私は誇りに思う。

*市原平兵衞商店…
京都にある創業明和元年(一七六四年)の老舗箸専門店
京都府京都市下京区堺町通四条下ル

*カンテキ…
関西、中国地方でいう七輪のこと。

まな板

まな板と包丁

もう二十年も前だが、オランダのレストランで日本料理をふるまう機会があった。二百人分の大量の仕込み。じゃがいもをごく細い千切りにする。包丁はもちろん自分のもの、まな板は現地のレストランのものをお借りした。芋の皮をむいて切り始めると、包丁がまな板にぶつかるとき、普段は聞くことのない金属的なカンカンという音を立てた。オランダのまな板が固いのだ。おかげで私の包丁は刃がつぶれて、すぐに切れなくなった。仕方がない、鋭い刃をなくした包丁をのこぎりのように動かして少量ずつ切り進む。予想外の出来事に、仕込みははかどらず、切り物だけで徹夜の作業になった。砥石は持参していたが、幾ら研いでもすぐに切れなくなる。日本のまな板を一枚持参していればと、悔やんだ。日本の包丁を使うのならば、日本のまな板が必要だ。

柔らかい日本のまな板

まな板は包丁を受け止めるところである。ヨーロッパの固い金属製の牛刀や中華の包丁をドンとふりおろせば、日本のまな板はその一撃で深く傷がつく。たちまち傷だらけになって、使い物にならなくなるだろう。日本のまな板は、イチョウやホオノキなどの柔らかい木製で日本の包丁の当たりを優しく受け止める。良いまな板で切れば、長時間切り続けても疲れないものだ。

まな板の前の立ち姿

日本のまな板は必ず平行な木目、正目《まさめ》が通っていて、使い方は正目に対して直角に包丁を動かす。ゆえに、日本のまな板に対して日本の包丁を正しく使おうとすれば、自然と体は右足を引いて、侍のように半身に構えた姿勢になる。フランス料理や中華料理では、まな板に対して、正面に真っすぐ立つ。

真っすぐに立てば、包丁はおのずとまな板に対して斜めになる。

正目のまな板は常に真横に置いて使うが、もし縦に置いて使えば、包丁の刃が食い込んで傷になる。傷は雑菌繁殖の原因になる。日本のまな板を正しく使えば、残された浅い傷は、次の使用までに閉じて治る。木は生き物のように呼吸し傷口を閉じる性質を持つ。

日本では四十年ほど前に、木のまな板は傷がついて不衛生であるという理由により、保健所の指導で業務用に木製のまな板の使用をはばかられることがあった。このとき一斉に合成樹脂のまな板が普及した。ところが、いつの間にかそういうことは言われなくなっていたのは、木の道具本来の良さが証明されたのだろう。日本のまな板は木の特性を生かした衛生的な道具だ。伝統から生まれた道具は信頼できる。

まな板を区別する

和食では、魚を加熱殺菌することなく、刺身にして生で食べるわけだから、なによりも清潔を重要視する。ゆえに、「仕上げ用のまな板」と「下ごしらえとしての魚を下ろすまな板」を区別しなければ、気持ちが悪いと感じるものだ。感じなければならない。さらに、出刃包丁で魚の頭を割ったり、中骨を叩き切ると傷がつくので、古いものを「叩き用まな板」にする。これも、きれいなまな板を傷つけてはいけないと感じなければならない。

料理屋の調理場は煮方、造り場、八寸場、漬け物場などの作業内容に持ち場が分けられ、食材によっても魚用、肉用、野菜用、果物用のまな板を区別する。細かく用途別に分けることで、素材の持ち味を生かして繊細な風味を大切にすることができる。まな板の清潔をいい加減にすれば、雑味や臭いとなって必ず料理に残るものだ。むいたリンゴをいただいたとき、ふっとニンニクや玉ねぎの臭いがすることがある。我慢して食べなければならないときは、ほんとにツライ。

日本は、果物も漬け物も小さく

食べやすく切って出す文化だ。ヨーロッパでは、フルーツもチーズも食卓で自分のナイフを使って切り分けるので、日本のように予想外の臭いがつくことはない。日本料理で一番大切なことは、家庭であっても同じである。せめて、「切ってから火を入れるもの」と「火を入れてから切るもの」を、区別しなければならない。和食は箸で食べるのだから、小さなものであっても、切り物をする場として数枚用意しなければならない。これだけでお料理は見違えるほど、すっきりしておいしくなるものだ。

外国のまな板さまざま

フランスの包丁は固く、金属の研ぎ棒を使って刃を立てる。まな板も寄せ木細工のようなものもあってずいぶん固い木が使われている。

チキンの丸焼きをテーブルで切り分けるサービスプレートやチーズプレートがあるが、フランスの家庭では必ずしもまな板がなくても料理はできてしまうだろう。野菜などはペティナイフを片手に器用に切って鍋に直接入れていく。

中国料理のまな板はそもそも切り株の輪切り。これを中華包丁の角でドンと叩けば包丁が立つ。中国料理は火の料理であるから、調理前にすべて切り出し、火を入れて直接皿に盛るので、まな板の区別はさほど必要ではないが、それでも魚・肉を切る、薬味を切るものは必要だ。今では、世界中で合成樹脂のまな板が使われているが、その国の調理法に応じて固さや弾力は違うだろう。日本の樹脂製のまな板もやはり柔らかい。

日本のまな板を正しく使う

まな板は、使えば固く絞った布巾で拭く。切る前にも固く絞った布巾で拭き取り、軽く湿らせたところに材料を置いてから包丁を使う。これの繰り返し。

横幅が長いからつい横に布巾を動かして拭いてしまうが、包丁の刃の跡に沿って縦に拭き取ると、きれいになる。まな板の上に鍋などを置くことはあり得ない。まな板の上は常に清浄でなければならないからだ。

まな板は使い終われば、タワシで洗って立てかけて乾かしておく。ときには、磨き砂をつけて磨くときれいになる。

玉じゃくし

台所にどれほどたくさんの道具があるかは、専門店に並ぶ調理道具を見ればよく分かる。日本の家庭では和食の他に洋食、中華料理をつくると、単純に考えても三倍量。菓子をつくる、もてなし料理を工夫する。その後さまざまな調理法が世界中から入ってきて、家庭でつくりたいお料理の量に比例して道具は増え、現代の台所はカオスだ。

かつて日本の家庭には食事の形があり、暮らしの中にも合理的な秩序があった。その頃の料理はシンプルで、ごくわずかな台所道具で間に合った。大小の鍋とお玉と菜箸と笊、すり鉢、飯台、飯びつとご飯しゃもじ……くらいで間に合った。

玉じゃくしを、私はかわいらしい女言葉で「お玉」と言っているが、やることの多い台所では、言葉も短い方がいい。お玉は、調理中しっかりと握っていることが多い。だから、長く使っているお玉は手になじんでいる。新しいものを求めても、使い勝手が悪くて、結局昔からあったものをそのまま使うことになる。このお玉（P・040写真の真ん中）は、私が料理を志す前から両親の台所にあったものだ。気にもしていなかったが少なくとも四十年以上だから、私の道具で一番古いものとなっている。

お玉のアク取り

汁ものや煮物をつくるとき、煮汁が煮立ってくればアクをすくう。魚のアラや骨付きの鶏のスープを澄ませるには、アク取りが必要だ。

家庭では和洋にかかわらず、同じお玉を用いる。アクをすくうにも、上手下手があって、上手な人は無駄に動かず、充分に煮汁が煮立つのを待ってアクが浮いたところを一気にすくい取る。そのとき、スープを無駄にしないように、お玉を水平にして、煮汁とお玉の境界が表面張力で盛り上がったとこ

ろを、アクだけスーっとお玉に流し込む。
きれいに澄ませるには、火加減はすぐに弱火にしないで、徐々に火を弱めてしっかりアクを浮かせる。あちらこちらに浮いてくるアクをお玉で追いかけても上手くいかない。お玉の丸みを利用してアクを寄せ集め、厚くなったところをすくう。小さなお鍋であればアクはお鍋の真ん中に集め、大きなお鍋であれば鍋の周囲に集めると良い。これを上手くやるために、同時に左手で火加減を微妙に調節している。ちょうど低速走行の車のアクセルを踏んだり、緩めたりしながら車庫に入れる感じだ。そのように考えると、アク取りも楽

しめるのではないか。テレビで料理番組を見ていても、アクセルの役割をする左手の動きが映し出されることはないが、視聴者の見えないところにコツが隠れている。

料理をあまりしない人でも、アクを取ることくらいは知っているようだ。みんなで鍋を囲んだとき、アクを取ると気が利いた人と思われるらしい。ただ、どれほど取ればいいか分からないようだが、いつまでもアクにつきあっていたのでは、次の調理に進めなくなってしまう。特別アクの強い食材を調理する以外は、さほど神経質になる必要はないので、ほどほどでよい。

鍋料理のアク取りは、きれいに煮汁を澄ませるために取るもの。澄ませるには火加減に気をつけることで、煮立てすぎればアクが煮汁に溶け込んで、濁る。

味つける

料理に慣れてくれば、お吸い物の味つけなども、計量スプーンを用いずとも、お玉を使って加減する。おつゆで濡れたお玉をちょっと塩に当て、裏側についた塩をお玉を返してちらりと見て、そのまま汁に沈めて調える。

私が昔から使っているお玉は、1杯できっちり75cc。大さじに換算すると大さじ5杯。計量カップで言うとおよそ3分の1カップ強になる。それぞれのお玉によって分量は違ってくるので、自分がいつも使っているお玉の容量を覚えておかれると、味つけの割合を計算する目安になって、調理のスピードがだんぜん早くなる。修業中は、料理長がお玉でだし汁を何杯すくっているのか、目安を知るために、見ない振りをして数をよんだ。

プロの料理人が使う道具に、木の柄がついた金がいという大きめのお玉がある。金がい1杯でちょうど150ccで、私のお玉に2杯分。そして金がい6杯で5合(900cc)となる。和食の道具にもきちんとした数学がある。

盛る

お玉を使っての盛りつけは家庭

的な盛りつけで、お料理屋さんのように正確に美しく山形に盛るといったニュアンスとは違う。たとえば焼き飯を盛るなら、盛るというよりも、お玉にすくってよそい入れる。コツはお玉から自然に落ちる引力を利用して、ある程度コントロールして落とし、美しく整える。そうすれば、作為のない自然な盛りつけができる。

作為とはワザとらしさであって、よろしくない。洋服を着るにも、いかにもお洒落しましたという感じが見えるといけないだろう。料理もファッションも、センスの良さを感じるには、わざとらしくてはいけないのは同じだ。

そのわざとらしさを、もっとも

嫌うのがお茶の料理である。ごく自然に美しく仕上がることを良しとする。きっちりと決まりすぎることを「お茶がない」という。どことなく自然を取り入れた感じが「お茶がある」ということになる。

たとえば、吸い物に入れる豆腐をさいの目に切るのは家庭でもよくやることだが、これでは特別な日の茶事では面白くない、ということでお玉の丸みを使って豆腐を切るようにして丸くすくい取る。これを「すくい取り」という。他にもゼリー寄せや卵豆腐をすくい取って、そのまま椀や鉢に盛る。包丁を使うよりも自然で、動きがある盛りつけは、お茶人に好まれる。

優しい木のお玉

私は木製の玉じゃくしを使うことが好きだ。柔らかい食材をそっとすくってよそう。柔らかく煮上がったお芋や大根をいたわるような、優しい気持ちになれるからだ。

鉄鍋に、肉や野菜を木のお玉で炒りつける。水を張って、味噌を溶き入れ、うどんやすいとんを煮る。どろりととろみのついた煮汁は、木のお玉でもよそいやすい。ひとつのお玉で調理を済ませたら、鍋のふちにそっと置いて、食べる様子をうかがいながら、おかわりを待つ。赤黒く使い込まれた木のお玉は家族の幸せの象徴だと思う。

味をみること・味見皿

味の見方

味見皿に一度だし汁を少量取り、汁の温かさを皿になじませてから再び少量のだし汁を取り、心落ち着けて味わう。

味見皿とは、汁や煮汁の味見に用いる皿である。少量の汁を口にして味わうのであるから、盃やお手塩《てしょ》のような浅手の磁器の小皿であれば何を使っても良いが、味見しやすいものを、ひとつ決めておくのが良いと思う。

味見しやすいというのは、味の加減をみるのに集中しやすいことで、皿の口当たりが悪いとか、気になることがあってはいけない。だから、いつも同じものを使うことが一番で、これも長年使っていると愛着がでてくるもの。

中華料理の調理師の味見は、鉄のしゃもじを使って味見する。熱い鉄を唇に当てては火傷するし、熱くて味見どころではないだろうと思っていたが、鉄のしゃもじには直接口をつけないで吸い込むのだと言う。中華の超強火の調理はまさに時間が勝負、味見皿に持ち替える時間もない。左手に鍋、右手に鉄のお玉を持って両手がいつも塞がっている中華料理ならではの技術だが、私にはとうていできそうにない。

フランスの調理場では、ソースの味見は二本の指でなめる。肉片にからめて食べるソースの感じを確かめるには、指にまとわりついたソースの味をみるのが良いと教わった。

それにしても、私が知る三十年以上前のフランスのクイジニエ（料理人）は、ひとつの料理の味を決めるのに、何度も味見をしていた。当時からすればフランス料理は大きく変わった。ソースが限りなく少なくなった今はどうなのだろうか。日本料理の吸い物の味見は一回が原則、中華でも一回しかできないだろう。フランスでは、今でも味をみる回数はおそらく多いと思うのだが、それは、おいしさの中でも味そのものを立体的にして深く追求する食文化からくるものだと思っている。

味の何をみているのか

多くの人は、味をみておいしいかどうかを漠然と判断しているように思う。味をみるならば、味の何をみているのかを、意識することだ。今は塩加減をみている、甘さを確かめている、煮詰まり加減をみているのだという味見の目的をはっきりと持つ。

ひとつに集中しなければ、すべてを読み取るのはむずかしいものだ。多くの場合は塩味をみているのだが、味見をしたときにおいしくても意味がなくて、「この後、変化してくることを予想している今は、この程度の味加減で良いのだ」と考えている。また、これから三十分間煮て、冷めたものを予想して味つける。味の変化を読むのだ。さらに、どんなお料理と一緒に食べるとか、主役は何かとか、さまざまな要素を考えて味をつけられるようになればいいなと思う。

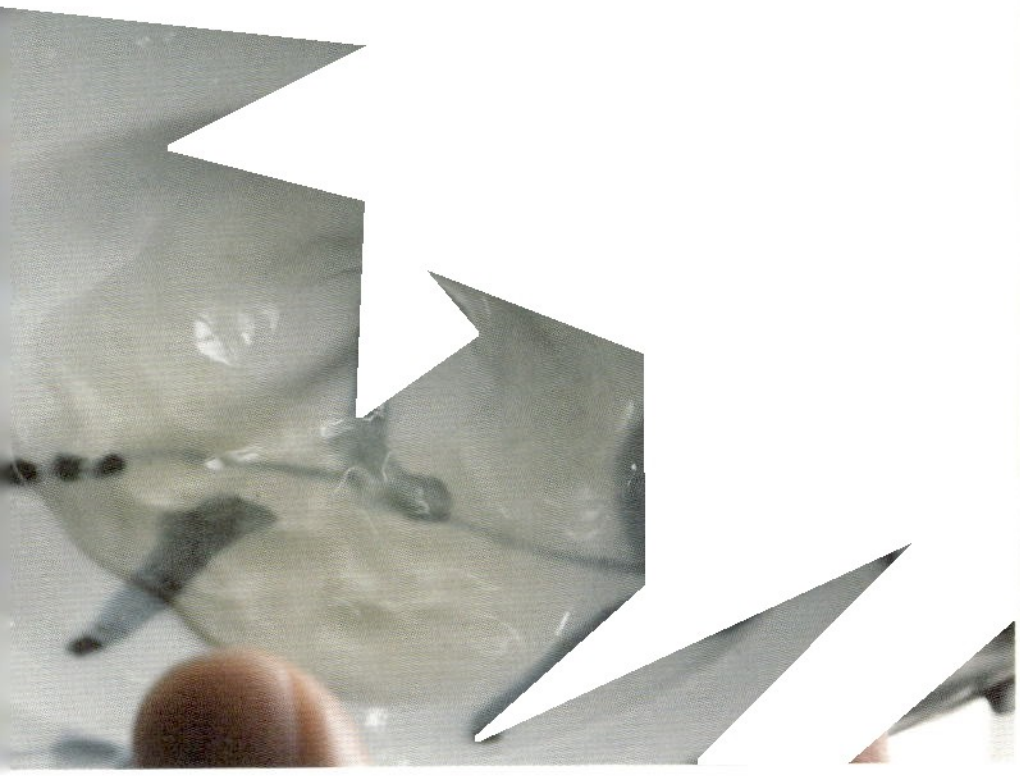

温度による違いも大きいものだ。冷たいときは甘みを感じにくいが、温かいときには甘みは強く感じるもの。塩味も温かいときは薄めでも良いが、常温になると強めのほうがおいしく感じるし、同じものでも、冷たくすれば塩味は立って、しょっぱく感じる。

味つけは度胸

味つけの手順は、まず、味をつける前にだし汁の味をみる。だし汁の旨味がしっかりしていれば、塩分に頼らなくてもおいしいからだ。お吸い物であれば、少量の塩と薄口醤油で調える。味を確かめて「良し」と一度で決まれば良いが、味をつけすぎてはいけないと思う心配から、少々控えめになることが多い。そこで塩または薄口醤油を適量補ってこれで終わり。塩加減の味見は一度だけ、二度目はもう舌のコンディションが純粋ではなくなってしまうからだ。迷って、味見を重ねるとどうしても、味つけが強くなってしまうのはそのためだ。

さらに一度で決めた味は、味そのものがすっきりするものである。同じ塩の分量を入れたとしても、二度三度に分けて迷いながら味をつけたのでは、必ず迷った味になるし、迷った時間だけ味は重くなる。おいしさは一瞬、味つけには度胸が必要だ。

吸加減に調える

飲んでおいしいという感覚を「吸《すい》加減《かげん》に調える」という。吸加減とは、吸い物の味加減を指す。その吸加減だが、お吸い物を飲み終わったときにおいしいと感じるように調えるのが良い。一口飲んでおいしいとなると、全部を飲み干したときには濃く感じてしまうからだ。

先ほども言ったが、味見では一口飲んでみて、少し物足りないかなと感じる程度にとどめておくのが良い。

自分で味つけたものを、実際に椀に注いでお料理としてきちんと味わってみる。味見をした感覚と実際に食べてみたときではずいぶん違って感じるものということが分かる。これはとても良い経験になる。

さまざまな煮物の煮汁の味を確かめるにしても、何か基準が必要である。吸加減を基準にして、少し薄めとか、少し濃いめとかいった具合に覚えておくと良い。たとえばたけのこや蕪《かぶ》を含め煮にするのであれば、「吸加減よりも少し濃いめ」と自分なりに、記憶する。かぶるくらいのだし汁に塩や薄口醤油で味つけ（ここで吸加減よりも少し濃いめ）、三十分ほど柔らかく煮た時点で煮汁がひたひたになれば火を止める。さらに冷めるまでおいて味を含ませる。

パイ缶／保存容器　雑味のない味にするために

食べものと温度

かぼちゃや茄子の煮つけ、切り干しやひじきの煮物など、家庭料理のおかずは冷めた状態で食べるものだ。これらの煮物は、火を止めてから鍋のまま置いて夕食までのあいだに冷めるうち、余熱が働いてさらに柔らかくなり、浸透圧が働いて、味がなじんでおいしくなる。

熱いお料理では、素材の持ち味といった基本的な味わいは熱さのために感じられにくくなる。温度が低くなると味わえる幅が広がり、おいしく感じられる。たとえば、炊き立てのご飯は熱々のおいしさだが、ある程度冷めてはじめてご飯のおいしさが分かるものだ。言葉は悪いが、我々は熱さや冷たさにはごまかされていることも多いようだ。

きれいな味を楽しむ

たいていの人は、鍋の火を止めたときが、調理の終わりと思われているようだ。火を止めてから、煮上がった料理をどうするのかによって、おいしさは違ってくる。

たとえば焼き上がったパンを焼き網の上に取り出すのか、木箱に入れて蓋をするのかということで違ってくる。前者は冷めると同時に水分が飛んで、表面がかりっとした触感が生まれる。後者は水分が残って、全体がしっとりした感じになる。

同じように調理したものでも、火を止めてから料理が終わったわけではなくて、その後の扱い方によっておいしさは変わってくるものだ。

火を止め、温かいものをすぐに食べる炒め物や具の入ったスープ煮のようなものであれば、出来立ての熱々がおいしいことは言うまでもない。

しかし、冷たいお料理や常温で食べるものであれば、その冷まし方、または冷蔵庫での保管の仕方で料理の味を損ねてしまうことがある。

出来立てはたいていおいしいのだが、つくり置いたものは新鮮みといった華やかな味わいを失いやすく、違和感を感じることも多い。それがなぜか、お料理をまずくしない技術を考えてみる。

おいしさの邪魔をするもの

冷たいお料理をおいしく食べてもらうのは、むずかしいものである。レストランでオードブルなど冷たいお料理をなにげなく食べているが、それは簡単なことではない。

冷たいお料理がむずかしいというのは、料理の風味をなくし、歯切れなどの触感をなくし、雑味を増やす原因となるバクテリア（雑菌）が関わってくるからだ。目に見えなくても、温度、湿度、栄養の条件が揃えば、その数はどんどん増える。一個のバクテリアは八～十分に一回分裂して、一時間後に六十四個、二時間後に四千九十

六個、三時間で二十六万個、四時間で一千六百七十八万個、五時間後にはなんと十億個にもなる。雑菌は増える過程において雑味をつくり、やがてそれを腐らせる。

出来立てのお料理がおいしいのは、雑菌の数がもっとも少ない、極めて純粋なものだから。これを私は「きれいな味」と言っている。それは素材そのものの風味やおいしさを邪魔するものがない状態だ。素材を生かすのが和食であるが、素材を生かすために、汚れたものと清らかなものを区別して、始末をつける。雑菌が増えるリスクを減らす。これは調理以前の私たちの生活習慣からくるものだろう。家に戻れば手を洗うといった習慣が、家庭の衛生管理に大いに役立っている。

金属製の保存容器

保存容器には熱伝導の高い金属製のものが良い。このステンレス製の蓋付きの容器を、私たちはパイ缶と言っていた。冷ました料理をパイ缶に入れて、冷蔵庫におさめると、金属はすぐに冷たくなって、料理をすばやく低温にする。これが合成樹脂製の容器であれば、冷蔵庫におさめても、冷気が料理に届くまでにおそらく一時間以上はかかるだろう。冷たくなるまでの時間に雑菌が増えるのだ。ゆえに合成樹脂製の保存容器は冷蔵保存のためのものではない。

料理は早く食べた方がおいしいに決まっているのは、雑菌が少ないからである。雑菌を増やさないとは、まずくしない技術であって、結果、保存性が高まるのだ。

パイ缶の使い方

雑菌が増えた状態は、ある程度、目でも確認できる。鮮やかな緑色の豆などは、色や歯切れを失う。酢漬けらっきょうの歯切れがなくなるのも、雑菌の働きによる。佃煮であれば醤油色のツヤを失う。煮汁が濁る。缶詰ならフルーツが浸っていた汁が濁る。あるいは香りを損なうなど、たいていは、料理の美しさを失うので気づく。見た目に悪くなれば、必ず味も落ち

ている。気をつけていれば、だれでも自分自身で判断できるものだ。賞味期限だけを目安にするものではない。

変化に気づくこと

優れた料理人は雑菌を増やさないための努力を惜しまない。きれいに洗ったパイ缶の水分を、きれいなつもりの布巾で拭き取れば、布巾にある雑菌をこすりつけることになるので、これはしない。その場で水分をしっかり切ればたいていは問題ないが、水気が気になるときには、熱い湯に通したパイ缶をむれないように伏せて乾かしておく。煮え立ての熱々の料理をパイ缶に一気に移す。これによってパイ缶にある雑菌をある程度殺菌できると考える。

このとき、出来上がった料理の分量を素早く判断して、ちょうど良い大きさのパイ缶を選ぶ。大は小を兼ねると大きめを選ぶのは、空気に触れる面積が大きくなるのでいけない。

かぶせ蓋の良いところは、すぐに蓋をして、頭から水をかけると、水圧がかかって蓋を取らない限り水が入ることはないところだ。パイ缶の下にも水を受けるバットを置き、バットとパイ缶のあいだに割り箸を敷いて隙間をつくる。水冷式で急激に冷やすのが、もっとも早くお料理を冷ますことができる。これをさらに完全におこなうには、ラップフィルムをきっちりと張ってから蓋をして同様に冷ます。これによって空気は遮断され、一層保存性は高まる。缶詰や瓶詰と同じ理屈だ。

火の通り加減をみる串

料理するときいつも手元に置いている金属の串がある。ステンレス製で細くて短い。焼き串だとは思うが、ワカサギや稚鮎《ちあゆ》でも打つのだろうか、金串の元のほうをペンチでくるりと曲げて使っている。

芋などの野菜が煮えたかどうか、実際に刺して固さを確かめる。竹串よりも細い金串が素材を傷つけることも少ない。また、金属は熱を伝えるから、温度計のように使って塊肉の火の通り加減をみることができる。

音を聞き分けるような感覚

だし汁をたっぷりと含ませて煮上げる煮物「含め煮」は、ご飯のおかずというよりも、もてなしの料理に向いている。

さつまいも、かぼちゃ、里芋などを、「おっ!」と思わせるほどきれいにおいしく煮上げるには、まずは煮崩れる直前のぎりぎりまで柔らかく火を通すことだ。早くから調味料を入れると身がしまり、火が入りにくくなる。芋はあまり躍らさないような火加減で煮れば、やがて素材は茹で汁の中で浮き始める。浮いてくるのはある程度火が入った証拠と考える。

串をそっと刺してみる。刺すときに、力を入れてはいけない。二本の指にはさんで軽く持ち、芋の真ん中を静かに刺す。力を入れれば分からないほどの微妙な感覚が手に伝わってくるのを読み取る。目をつぶり、串を刺す。耳を澄ませてごく小さな音を聞き分けるような感覚だ。

コロッケやポテトサラダのじゃがいもであっても、まずは上手に茹でることがおいしさのポイント。だれにでも茹でられると思っていても、そうはいかない。油断すれば、すぐに煮崩れて、湯に溶けてしまう。煮崩れないように完全に火を通すのはむずかしいものだ。じゃがいもを躍らせないように、火加減を弱めて慎重に茹でる。

それでも芋の性質によっては火

が入りにくいものもある。「どうかな……あと少し」と思うが、このまま火を入れ続けては煮崩れそう、というときがある。そんなときは火を止め、十分ほどそのままにして、余熱で柔らかくなるまでおく。
もう一度、串を打ってみる。「よし、充分に柔らかい」という確信できる感触を、この串で確かめる。

竹串の太いほうを使う

鶏肉をフライパンで蒸し焼きにする。火は弱火にして、時間をかけて焼くことで肉が縮まずふっくらと焼き上がるが、ちょっとした火加減の違いで、火の通りが心配になることがある。火の通り加減を確かめるには切ってみれば簡単だが、熱いうちに切れば肉汁が出て、出来上がった料理の姿も悪くなる。切らずに火の通り加減を見極めたい。

そんなときに串を打って確かめるが、先の尖った串を柔らかい肉に刺してみると、生でも、火が通っていても、どちらでもスッと入ってしまうのだ。

こんなときは、串や竹串を返して、太いほうを厚みに突き刺してみる。芯のほうが生の状態であれば、串が肉を突き切るプチッといった感触が手に伝わってくる。これで見極められる。火が通っていれば、ふくよかな柔らかい感じが手に伝わってくる。

ローストビーフの焼き加減

ローストビーフは1kgほどのロース肉に対して1%の塩とこしょう、ガーリックパウダー適宜をすり込んで、常温に一時間おく。

オーブンはあらかじめ220℃に充分に熱しておく。鉄板には玉ねぎ、人参の薄切りを敷いて、肉を置いて油をかけて焼き始める。焼き時間は三十五分（三十〜四十分）を目安にする。

オーブンの温度は210℃くらいで十五分焼いて、油をかけて横に倒す。再びオーブンに入れて、七〜八分焼いて、油をかけて反対側にしてさらに七〜八分焼く。ここで金串を刺して塊肉の真ん中の温度を確かめて、火の通り加減を確かめる。

串の打ち方は、肉の真ん中を貫いて鉄板に当たるまで突き刺し、金串の手元のほうは肉の際を押さえる。そしてそのまま六〜七秒間数をよむ。スッと引き出し、指先と串の先端の真ん中あたりを唇に押し当てて温度を確かめる。牛肉であれば、〝生ぬるい〟と感じるくらいの温度が伝われば良しとする。温かいと感じればもう火が通り過ぎている。冷たいと思えばまだ早い。ローストポークであれば肉の温度が65℃くらいになれば良いが、唇に当てれば熱いというほどではないけれどきちんと温かいという感じが伝わってくる。

ローストにする肉の塊は重さが

同じでも形が違う、肉自体の温度も違う、家庭によってオーブンの熱量も違うのであるから、同じ条件が整うということはない。ゆえに、時間は目安になるが絶対ではない。上等な塊肉だけに失敗は許されないと思うのが人情だが、最初からそう上手くいくものではない。まずはローストビーフでサンドイッチでもつくるようなつもりで焼いてみてはどうだろう。

いつの間にかローストビーフのむずかしさを書いてしまったように思う。ローストビーフの完成度をどこまで求めるかということであるが、レシピ通りに焼けば、ある程度はおいしく出来上がる。それで充分なのだ。プロじゃあるまいし。家庭のことだからほどほどで良い。こだわりすぎては良くないことはすでに知っている。穏やかな気持ちでできる範囲のものをつくれば、家族は幸せだ。

落とし蓋を使う煮物

台所で煮物をしながら、落とし蓋をちょっと取って加減を見定め、落とし蓋の縁で整えて、再び落とし蓋をして火加減する。和え衣をこしらえたすり鉢に水気をしっかりときった野菜を和え、乾かないように木蓋を乗せておく。しばらくして蓋を取ってカラカラと上下を返し、手に蓋を持ったまままちょっと味をみる。そうした台所仕事に慣れた人の姿は良いものである。

鍋の中の美しさ

煮炊きしながら、鍋の中の様子を見ることは楽しい。落とし蓋の下を煮汁がきれいに対流し、一定の方向に流れる。縁からぶくぶくと泡が立ち上がって、しばらくすると泡が小さくなって動きだす。やがて色が濃くなって艶が出てくるのが分かる。

絶えず変化する鍋の様子が面白いのは「きれいだなっ」と感じるものが鍋の中にはあるからだ。「きれい」は、仕事が上手く進んでいる目印になる。もしなにか違和感を感じるもの、たとえば煮立ち加減が強過ぎて、煮汁の流れが一定でなくなるとか、浮いているアクが再び煮汁の中に戻りそうだとか。いつもと違うことがおこると、火加減を弱めたり、鍋を傾けたりして整える。

煮つけと含め煮

煮魚や煮転がしなどの煮つけは、落とし蓋を用いることが多い。素材に対して少なめの水分で、落とし蓋をして煮汁が鍋全体に行き渡るようにして煮上げる。煮汁の量と火加減が適正であれば、煮汁が煮詰まるまでに素材に火が入り、かつ、煮汁はほどよく蒸発しているはずだ。蓋を取ってきつい火にして、煮汁を素材に絡めて出来上がり。煮つけは、甘辛味のご飯のおかずだ。

落とし蓋は合理的な家庭の調理道具。そう思うのは、私が修業した料理屋の調理場には、落とし蓋がなかったからだ。子どもの頃から落とし蓋をして煮る様子を見慣れていた私にはちょっとしたおどろきだった。

料理屋的な薄味の煮物は、大きな鍋に下茹でした野菜を入れて、材料がかぶるくらいのたっぷりのだし汁で煮る。三十分ほど煮て火を止めたときも、鍋の中にはまだ充分な量の煮汁があり、中に野菜が浮かんでいる。そのまま冷めるまでおいて、煮汁を染ませる。これを含め煮という。

あら炊きは煮つけであるから、落とし蓋をして煮上げるのが普通だが、落とし蓋がなくても上手く煮ることができることを知った。強火で煮汁を大きく沸騰させて、その泡で魚を包み込むようにして煮る。さらに仕上がるまで強火で絶えず煮汁をかけながら煮詰めていく。こうして落とし蓋がなくても、煮つけはつくれるが、だし汁も、火も、人の手も、贅沢に使うところに料理屋らしさがあるようだ。

落とし蓋の合理性

つまり、効率よく煮物をするために必要なのが、落とし蓋だ。炎の大きさは中火であっても、落とし蓋をすることで強火で煮ることになる。少ない煮汁でも落とし蓋をして煮ることで素材に火が入る。

落とし蓋は煮汁がむやみに蒸発することを防いで時間をかせいでくれている。そのためには落とし蓋の大きさは鍋よりも一回り小さいくらいがちょうど良い。

木の調理道具は、素手で触っても熱くないし、木の落とし蓋だと傾いて煮汁の中に沈むこともない。使い終わればたわしで洗って陰干し。ときには熱湯でグツグツ煮て殺菌するが、それでも魚の匂いは取れないから、魚用は専用として、新しいときに〝魚〟と墨で書いておく。

白いエプロン

私は休みの日にジーパンを履く。ジーパンを履くと休日らしい気持ちになれるからだ。仕事でジーパンを履いてしまうとジーパンを履いた日曜日の気分がなくなってしまうので、休日以外は履きたくないのだ。

毎年のことだが、お正月でもないのに仕事でおせち料理をつくる。撮影でつくるおせち料理はいくら食べたくても、ものすごく我慢して食べないようにしている。食べてしまうと一年に一度の本当のお正月の楽しみが弱まりそうな気がするからだ。十二月には餅つきをするがそれ以外には食べないようにしている。好きな音楽でも、特に大切にしている曲を聞くときの気分を大切にしたいから気軽には聞けないのと同じことで、そのとき、その瞬間を大切にしたいと思う。

憧れのコックコート

私にとっての仕事着は、コックコートやエプロンだ。季節に応じて半袖や生地、色の違うものが何種類かある。その日の仕事に合った今日の一枚を選ぶ。コックコートは緊張感のある料理の仕事。胸まである色とりどりのエプロンは、カジュアルな料理の仕事。新しいレシピの試作や仕込みに取り組むときは、色落ちした青地の前掛け、とある程度決まっている。通常はスタッフが適当なものを選んで、きちんとアイロンをかけて準備してくれている。それでも仕事の内容や微妙な気分の違いで取り替えてもらうこともある。

私のコックコートやエプロンはフランスのブラガー社製で、その滑らかな生地は、身につけたときにエレガントなしわをつくり美しい。修業時代、グランシェフたちが、染みひとつない真っ白なコックコートを着ているのを見て憧れていた。今自分がこの白いコックコートを着ていることを、誇らしく思う。白いタブリエ（エプロン）の紐を腰で結めば、ぐっと気持ちが引き締まっていくのが感じられる。コックコートから力をもらっていると思う。

若いコックは仕事の内容が違うので、白いエプロンではすぐに汚してしまうから、白いコックコートの上に胸当てがついた青いエプロンをつけていた。同社の青いエプロンのほうは少し粗い糸で織られ丈夫にできている。洗い込んで色が落ち、使い込んで生地も柔らかくなって体になじんだ感じがいいのだ。汁が飛ぶようなじゃがいもむきでも、魚の水洗いでも思い切ってできる気持ち良さがある。

白である意味

料理するときには、生地は綿製のものを身につけなければならない。特に水仕事をするときにかけるビニールのエプロン以外は、火を使うので化学繊維では危ないし、寒いからと調理場でセーターを着ると細かい毛が落ちてしまう。

白いコックコートやタブリエは、白いことが大切で、白いテーブルクロス同様これを最上とする。品格のあるお店であれば、白いクロスが原則である。

野球やサッカーの白いユニホームが汚れるのは、ファイターの証でかっこいいが、料理の世界ではみっともないと感じる。白さは汚れを際立たせるためのもので、白いことが清潔な仕事を証明する。仕事の内容によってエプロンをつけたり、着替えて白を汚さないようにする。だから汚れればすぐに着替える。

日本料理や高度なフランス料理の世界では、清潔は良い味をつくる基本だし、良い店を判断する目安となるだろう。

仕事着の役割

フランスでは、有名な肉屋さんがブルーのワイシャツを着て、たすきがけに斜めにカットされたエプロンで働いていた。チーズ屋さんのマダムの白くて長いコート。パン屋さんの売り子の白衣。黒いスカートに小さなエプロンをつけ

たブラスリーの女性。もちろんカフェのギャルソンは黒い小さめのジャケットに長くて白いタブリエを巻きつける。早朝のパリの町を掃除する清掃員の青色のつなぎのジャケットも、それぞれにふさわしく誇らしげに見える。

かっこよく見えるのは、ユニホームのデザインの良さ以上に、その仕事に向かう人の姿勢の表れだと思うが、そのユニホームが気持ちを引き締めているに違いない。人は働いているときが一番美しいように、飾りや無駄のない働く衣服はとても美しいと思う。

おひつ ご飯のおいしさ考

このおひつはある年の夏、京都の「おけ庄」さんで求めたものだ。端正でとても品の良い姿をしている。白く美しいさわらの木は、まだ良い香りを保っている。これまでも違うおひつを使ったことがあるが、このおひつの木地のきめ細かい滑らかさが気持ちが良い。使って心地良いという感じが、その道具の良さを表している。

おひつの良いところ

ご飯が炊き上がれば、しゃもじで底から混ぜるというのが基本であるが、おひつを使っているならば、混ぜずとも、ご飯をおひつに移せばそれでいい。

ご飯を底から混ぜるというのは、炊き上がったご飯に含まれる余分な水分を、あの豊かな湯気とともに飛ばしてしまおうということで、そのままにしておくと、米粒のあいだに水気が残る。蒸れて湿気がこもるのは不潔であるが、これによってご飯の食味を落としてしまう。おひつは、余分な水分を取ってくれるので、ご飯がすっきりとする。そして必要な水分はしっとり保つ。これがおいしさにつながる。

炊き立てのごはんをおひつに移すとご飯はみるみるうちにつやつやとなる。もちろん炊き立てのご飯はおいしいが、おひつに移したご飯は、しばらくすると粗熱がとれて、落ち着いてくる。ほんのりと温かいご飯は炊き立てのごはんと違って、ご飯そのものの味がよく分かる。そしてやがて冷める。

おひつの中のご飯はその温度によっておいしさが変わってくるが、それぞれにおいしいものだ。夜炊いたご飯が翌朝おひつの中で、冷たくなっている。そのご飯をお茶碗によそい、おかずがなければちょっと味噌をつけて食べる。冷たくなったご飯はプンといい匂いがする。このいい匂いは、なんら

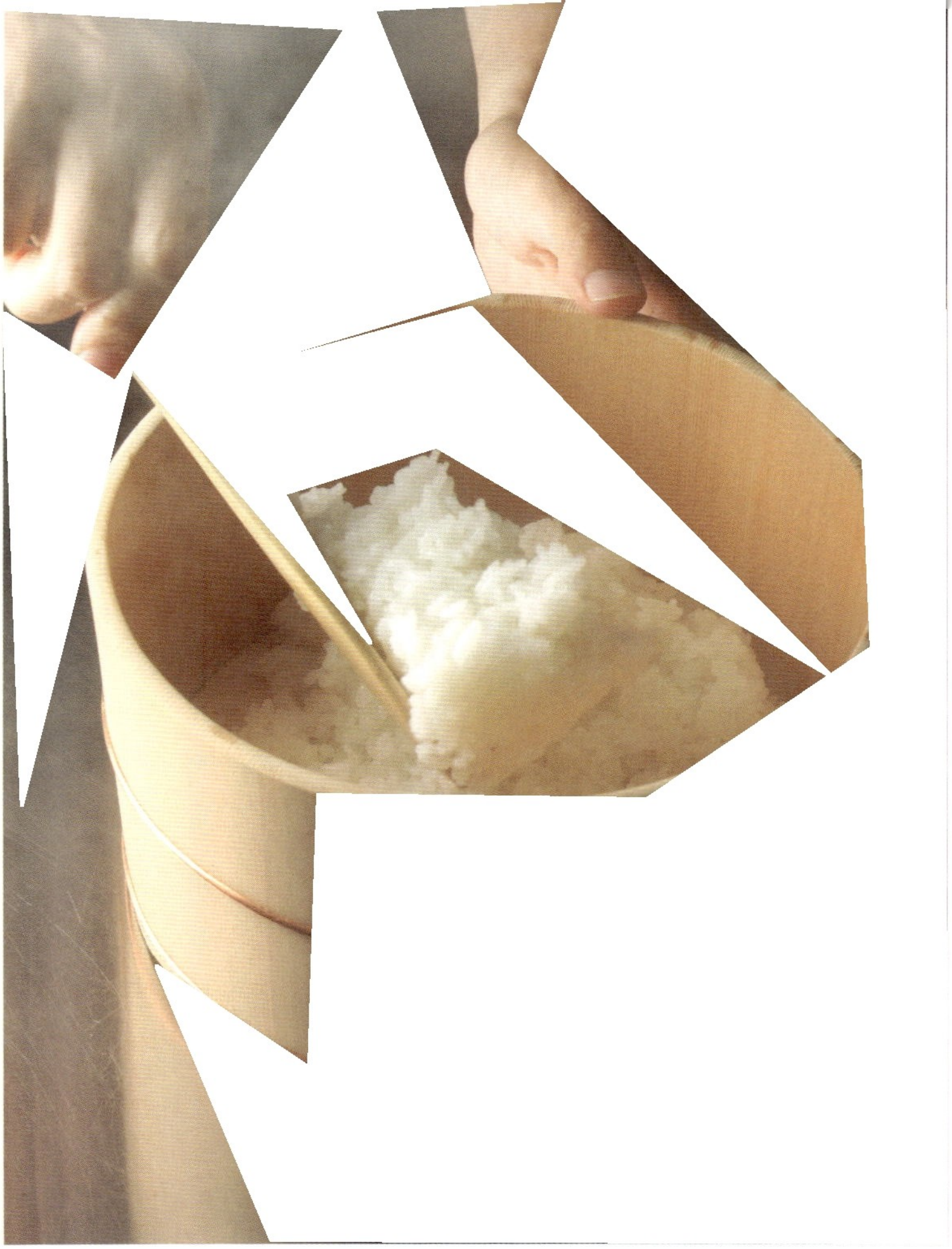

かの醗酵がご飯に始まっているのかもしれない。ご飯の醗酵とはアスペルギルス・オリゼー、そう、酒や味噌をつくる麹菌が増えているのかもしれないなと見えない世界を想像している。

　ちなみに、冷やご飯というと焼き飯の材料となることが多い。水分がしっとりとあるうちにラップで固めて冷蔵庫に取り置いたご飯で焼き飯をつくると、ご飯がなかなかほぐれないから苦労する。無理にほぐすとご飯が粘ってしゃもじにこびりついて固まり、気持ち良く調理できなくなる（料理が嫌になる原因はこの辺りにあるのではないだろうか）。

　ところがおひつのなかにあった

ご飯で焼き飯をつくれば、加熱とともにご飯がさばけて気持ち良く焼き飯がつくれる。それは余分な水分がないからほぐれるのであって、ご飯のおいしさの証明にもなるだろう。

炊き立て神話

電子ジャーというのは炊き立てのおいしさを保つという機能を持っているが、炊き立てというのはほんの一時《いっとき》のことであるから、なにも電気で保温しなくてもよいのにと思う。温かいご飯に価値があるということだろうが、保温し続けるとご飯の水分が時間とともになくなっていくので、ぼそぼそした感じになってしまう。うっかり翌朝まで保温したご飯のまずさで分かる。

ご飯がいつまでも温かい必要はないと思うのだが、どうして温かいご飯を求めるのだろうかと考えた。それは日本人の温かい炊き立てのご飯へのあこがれだと考えている。日本人には炊き立て神話があるのだ。今のようにそれほど豊かではなかった頃、一部の人を除いては、炊き立てのご飯なんて長く食べられなかった。白いご飯を見て、銀シャリだと大喜びしたのも同じ。少し豊かになったときも、炊き立てのご飯はいつも家の主人(男子)や跡継ぎである長男が食べたのだろう。だから、男はよそで嫌な思いをさせられたことを「冷や飯を食わされた」というのだ。でもいつもだれかが、冷や飯を食べていたのだ。ご飯はいつまでも温かくない。それは女性や子どもたちが必ず食べていたはずだ。それは決してまずいものではないから何も言わないが、大事にされてきている男子は今でもご飯は常に温かいものと思い込んでいるところがあるのだろう。そういう人は幸せである。

そろそろご飯が温かければ良いという思い込みは、やめても良いのではないかと思っている。

おひつの始末

四国の田舎で九十歳以上長生きしたおじいちゃんとおばあちゃん

の二人暮らし。毎朝一番に米一升のご飯を炊いて、おひつに移し、さらにおひつを保温する藁《わら》でつくった飯詰に入れる。そうして一日で食べていた。

我が家では夜にご飯を炊くことが多くなったが、他のアジア圏をみても、もともとご飯は朝炊くものなのだろうと思う。夜炊いたご飯は、温かいうちに食べて、翌朝は冷やご飯または「入れ粥《がゆ》」(ご飯からつくるお粥の一種)にして食べる。その時点でご飯が残れば鉢に移してラップして冷蔵庫に取り置き、焼き飯などをつくる。おひつは朝ご飯が終われば、タワシで洗って、陰干しにする。これをきちんとすればいつまでもきれいに保たれ、やがて、角ばっていたおひつの縁は丸くなり、使い込まれた美しさを持つようになる。

以前見たNHKの番組で、人間は木に触れているだけでリラックスして脳波にアルファ波が現れるという実験結果を伝えていた。木は人間を癒やしてくれている。

おひつからご飯をよそう

おひつを見ていたら、幼い頃に初めてご飯をよそった記憶が甦ってきた。それはちょうど物心のつき始めた時期と重なる。「ご飯は一度でよそったらあかんよ。二回に分けてよそいなさい」。「よそった後、おひつの中に穴があいているようではあかんよ。ちょっとならしときなさい」。子どもの頃きちんと教えられたことは、いつまでも忘れないものだ。

水を料理する

昔、お年寄りは「生水を飲まないで、胡瓜などの野菜や果物で水分を摂りなさい」と言ったものだ。中国の人たちが炎天下の行列で胡瓜をかじっている様子をテレビで見たが、きっと昔から伝わる知恵があるのだろう。

果物や野菜から摂る水分は、ゆっくりと吸収して、野菜に含まれるさまざまなミネラルを一緒に摂れる。近頃夏になると「熱中症対策に、水分をこまめに摂りましょう」とニュースのたびに繰り返されるが、「夏の果物や野菜から水分を摂りましょう」と言わないのはどうしてだろう。地産地消にもなるのにと思っている。

命をつなぐ水

春は芽のもの、夏は水のもの、秋は実のもの、冬は根のもの、というふうに旬を認識すると分かりやすい。

夏は水のものというのは、水分を含んだ野菜という意味だ。夏の強い日差しにも、命をつなぐ種子を、栄養をたっぷりの水分で守っている。旬のものとは命をつなぐ一番大切なところ、それを食べる人間の命もつないでくれる。

旬の野菜をおいしいと感じるのは、人間も大自然の中に生かされているのだと思う。自然こそが私たちを守ってくれるのだと。

夏の実の料理

茄子をなすびと言う人は少なくなったが、なすびとは「夏の実（なつのみ）」が転じたものらしい。

夏野菜の調理には、そのみずみずしい水分を利用する。焼き茄子が簡単なのは、直火にかけると茄子自体が持っている水分が沸騰して火が入りやすいからだ（季節外れの茄子は水分が少ないので焼いても上手くいかない）。

長茄子を焼き網に載せて、外側の皮が灰になるくらいしっかりと、あまり動かさず全体が焼けるのを

待つ。しっかり焼くと薄皮の下に香ばしい焦げ目がつく。水にさっとつけて冷まし、薄皮をつまむようにむく。冷たい水にくぐらせて、キッチンペーパーの上に置いて水気をきる。切らずに皿に盛って、ラップをして冷蔵庫に入れておく。切ると水がでる。冷えた焼き茄子におろし生姜を載せて、醤油をたらして食べるのは夏の至福である。

岡山の東粟倉《ひがしあわくら》に皮の柔らかい丸茄子がある。丸茄子は少し縦に長いので、京都のまん丸い賀茂茄子とも違う品種。昔からこの地域にあるものらしい。

おいしい茄子というのは、アクがなくて、皮が薄く、柔らかいもの、それに姿の美しいものだ。その岡山の茄子はアクがなくて、柔らかくて、大きくて、そこに水気をいっぱい含んでいる。

地元ではその茄子を網に載せて直火でコロコロ転がしながら焼くのが、先に書いた焼き茄子との違い。これは火から離して中火くらいでじっくり焼く。やがて茄子の中の水分が煮たってじゅくじゅくとなってくれば上部の皮を箸でひろげるようにしてはぐ。そこに味噌と刻み葱と削り鰹を入れて、柔らかく煮えた茄子をふうふう言いながら熱々を食べる、茄子鍋である。お盆に岡山の田舎に帰ってきた子どもたちがこれをたいそう楽しみにしているという。

おいしさも まずさも水の味

おひつを洗いながら残ったご飯粒を、もったいないと口にするご飯の味はとてもおいしいものだ。経験がある人は分かると思うが、ご飯の味が水の中で際立つのか、ご飯の味に水の味が際立つのか、とても清らかな心洗われるような味がする。こういう予期しないおいしさに出会うと、どうしてこんなにおいしいんだろうか、といつも考え始める。

アスパラガスを茹でて水にとって冷たくなればすぐに取り出す。すぐに食べるなら、水気も拭かずに、そのまま食べてもすばらしくおいしい。

少し話を広げるが、アスパラを水にとらず笊にとって風を当てて冷ます。それを温かいうちに食べると味は濃くなるが、アクを強く感じるものだ。マヨネーズなどの油でマスキングして食べると、このアクは感じにくくなる（マスキングとは、油の膜ができて直接味《み》蕾《らい》に素材が触れないこと）。和食というのは、このアクを嫌って、完全にきれいにする料理である。アクという毒素を除くことで、食材から私たちを傷つけるものはなくなる。

茹でてから水にさらして、ほうれん草を「ギュッ」と絞って、器に盛り削り鰹をのせてすすめる。食べる人がちょろっとお醤油をたらして食べるのが、家庭のほうれん草のお浸し。

ここで言いたいことは、そのギュッという絞り方である。この絞り方を意識できる人はそう多くはいないだろう。茹で立てであれば、その絞り方は、ごく軽くて良い。水が残っていても水さえおいしいのでほうれん草をつぶさないように優しく絞る。

お弁当に入れるときや少しでも時間をおくときは、しっかりギュッと水気を絞らないといけない。水は新鮮なものはおいしいが、すぐに変化する。素材の味が悪くなるよりも早く、水の味が悪くなるのである。

お料理の味は、隠れている水にずいぶん左右される。

「みずくさい」がおいしい

最近はかぼちゃと言えば、ほとんどが西洋品種のえびすかぼちゃだ。西洋かぼちゃはホクホクとして甘い。西洋かぼちゃと昔ながらの日本かぼちゃは、正反対の持ち味だ。

日本のかぼちゃは、よく日本画に描かれていた菊型の濃い緑のかぼちゃ。菊かぼちゃとか菊座とか言っていた。菊座かぼちゃは、きめの細かい口当たり。甘みが少ないのが特徴だ。煮崩れしにくいので味が染み込まず、素材のみずみずしさが素直に伝わる。蒸し暑い日本の夏には、とても気持ちの良いおかずとなる。これが日本の夏らしい味だ。

「みずくさい」とは味のないことでまずそうな響きだが、そのみずくささを昔の人は大いに好み、楽しんだ。

おいしさとは幅の広いもので、夏の絹ごし豆腐はすっきりとみずくさいからおいしいのである。「濃い豆乳を使ってつくるとおいしい」というおいしさは、日本の夏には少々暑苦しく感じる。

ちなみに、みずくさいが度を過ぎてもの足りないときには「もみない」と言う。日本の味は繊細だ。

混ぜ合わせる

きれいな色　きれいな味

絵の具をパレットに出して、反対色を混ぜ合わせると色は濁ってしまう。三色の絵の具を混ぜると灰色になる。

フランスにスーラという画家がいたが、点描画で有名だ。彼は色が濁るのを嫌って、原色のままキャンバスに載せてだれよりも鮮やかな色彩で描いた。スーラは絵の具を混ぜないけれど、人の目の中に入って色は混ざり合うのだろう。

さまざまな音の集まり、音楽もきっとそうだと思うし、料理でも和食は同じだと言える。

お料理で混ぜる作業は多いが、慣れない人が「混ぜて」と頼まれれば、いつまでも混ぜて、いつ止めればよいか分からない。

混ぜることはだれでもできそうだが、混ぜるだけでお料理の味はほんとうに変わってしまう。

サラダをおいしく混ぜるということ

下ごしらえした複数の食材を混ぜてつくる和え物は、食べる直前に混ぜる。混ぜてから時間をおけば、含まれる塩分で食材から水気が出て、味がぼんやりと濁るからだ。それぞれの食材の個性がシャープに、彩り、歯切れの変化、味のバランスで生き生きと際立っていなければならない。

たとえば、なめろうという料理がある。新鮮な鯵を葱や生姜、味噌と叩いて混ぜた漁師料理。勢いよく船の上でつくってすぐに食べるからおいしいのだが、きれいに盛りつけようなどと思うと、鯵から水気が出てきて、見た目にも味わいも落ちる。

サラダも同じことで、あらかじめ混ぜておいたサラダは、ベチャッとなっている。下ごしらえをきちんとしていても、仕上げで台無しにしてしまう。お料理は、自分が味見したときにおいしければ時間が経ってもおいしいと思ってはいけない。お料理は時間が経てば変わっていることを知ってほしい。ようするに、混ぜることによってどんどんまずくなっていくことが分かる。

和え物やサラダのように、混ぜて仕上げるお料理は、どれだけ軽く、さっと混ぜるかということが、おいしさにつながる。ポテトサラダであれば、茹でて粗熱をとったじゃがいも、塩もみした胡瓜、茹でた人参、ハム、ゆで玉子、塩もみしてから洗って絞った玉ねぎを、ひとつのボールに入れていく。そこにマヨネーズをトンと落として、大きく混ぜる。四〜五回もサーバーを動かせば、それぞれの素材が絡み合い、「きれいだな!」と思う瞬間がある。もうこれ以上、手を動かせない。手を動かせば食材同士が汚し合うからだ。それぞれの食材の色や姿が、互いに引き立て合うところ、その一瞬で止めなければならない。胡瓜が少し片寄っているとか、ハムが重なっているとか思う必要はないのだ。そんなことは食べる人が加減してくれるもの、気にする必要はない。大切なことは、自分がきれいだと思うこと、その瞬間がおいしさの頂点だ。

美しいはおいしさと一致する……料理の不思議だ。ただ、その美しさは形が良いとか、整っているという単純な美しさではない。ともすれば不細工であっても力強くて、豊かで、変化があって、不均衡なもの。これがとても美しい。

料理上手とは、当たり前に毎日繰り返されることの中にも新しい発見をして、小さなことにも喜びを感じる能力かもしれない。いつも新鮮な気持ちでいられることだと思う。

均一なことは おいしさではない

たとえば、サンドイッチは端から端まで、どこを食べても同じ味にすること。野菜は同じ大きさや厚みにきれいに切り揃えること。芋や豆を煮崩れないできれいな姿に煮上げること。こういったお料

理の基本やセオリーとされていることには、必ずしもおいしさと関係のないことが多いことを知らなければならないと思う。

おおらかにざっくりとつくり上げる母の手料理の、おいしさの原点である。

洗いものから、学んだこと

一生懸命すること

フレンチレストランで仕事を始めたとき、ごく薄いワイングラスが使われていた。それを三個連続で割った。ひとつ割るたびにシェフに怒鳴られた。くるりとグラスを回して内側を洗おうとしたとたん、パリンと軽い音を立てて割れた。いや割ったのだ。そのグラスはあまりに繊細で、何もしないのに割れたという感じだ。いや何もしないで割れるはずがないのだが、私の手の感覚が未熟であったとしか言いようがない。

ちなみにワイングラスを洗うときも、拭き上げるときも、グラスに沿って、滑らかにスポンジやトーション（布巾）を滑らせることが大事で、トーションが濡れていたりして、グラスに余分な力が加わると割れる。どんなこともそれなりの技術が必要だ。

レストランでは使い終わった銅鍋をいつもピカピカに磨き上げる。それはその日の仕事も終わりに近づいたとき、最後の元気を振り絞る仕事でもあった。スポーツのようにしっかり体を動かして磨いていた。床を力いっぱいデッキブラシで掃除していると、シェフは「土井ブラボー」と大きな声をかけてくれた。初めて職場で褒められたのは、このときだ。のちに働いたフランスの調理場では、洗い物や床掃除などは料理人の仕事ではなかった。掃除片付けを専門にする多くの移民の人が働いていた。

洗いものをする手

フランスから帰国して、ほっとしていた私は京都の割烹のカウンター席で食事をしていた。舞妓さんを連れたお客様が来る、きれいに掃除が行き届いたお店だ。

若い私にとって初めてのことで少々緊張しながらカウンターに立つご主人の手元を見ていた。使い終わった食器をさらしの布巾でや

んわりと洗う手に感激したのだ。それはほんとうに美しく見事だった。フランス料理にはなかったもの、私のまだ触れたことのないものがここにはあると思った。そのときの感動は今も忘れない。食事をしながらも、「このご主人のもとで働きたい」と思ううちに緊張して、顔がぽっぽっと火照ってくるのが分かった。

その翌日、再び京都に行って「この店で仕事をさせていただきたい」とお願いに上がった。二度三度と日を変えてお願いしたが、諸々のタイミングが悪くてこの店での修業は実現しなかった。通ううちに、ご主人が厳しい顔を一変させて、笑顔で手をにぎって「きばりや」と言ってくださった。その美しく茶碗を洗っていた手は、とても柔らかかった。

洗いものに磨かれること

日本料理屋で仕事が始まった。だれもが床磨きにしても、鍋を洗うにしても、蜂がブンブンと音を立てて飛ぶように働いていた。私も競うように仕事して、力んで水道管を折ってしまったり、瓶詰の蓋を力任せに開けようとして割ったり、冷蔵庫の扉を外してしまったりとさまざまな失敗をくり返した。とにかく一生懸命、ブンブンと働いた。

日本料理屋での修業の年月も長くなった頃、あるとき突然、ただ道具を磨くために力を入れて手を動かすよりも「きれいにしよう」という気持ちで手を動かしたほうが、断然美しくなることに気がついた。それは当時の私にとっては大発見だった。

必要以上に力を加えて押さえつけてゴシゴシやれば、タワシの毛は寝てしまう。押さえつける力を緩めて、タワシの毛を立ててシャシャッといい音をさせれば汚れは落ちる。力任せに歯ブラシをしてはいけないと歯科医から教わったことと同じだと、今の私ならたとえて説明できる。

だけどそのとき、だれからも教わらず、自分で気づけたことが大切で、教えられなかったことが良かったのだと思う。きちんと教えられて、要領よく身につくのとは意味が違う。若いときというのは、要領よく仕事ができるようになるより、「考えるよりも先に身体が動くこと」が大切だからだ。

私は洗いもののおかげでいつでも全力を出し切ることができるという自信と瞬発力が身についていた。仕事に追われ、時間に追われ、もう間に合わない、もう駄目といった危機一髪の瞬間が何度もあった。でも不思議と無事に、毎日の仕事を終えることができた。それは、毎日手入れしてきた鍋や調理器具がいざというときに守ってくれているのだと信じている。

洗いものの楽しみ

道具を磨き、掃除することはお料理の楽しみのひとつになる。鍋やしゃもじ、包丁は手が直接触れる柄を毎日磨いて清潔にする。柄を磨くとき、タワシは片減りしないように前後を持ち替えて握る。木の柄は砂をつけて磨くことで毎日少しずつ角を落とし、滑らかに美しくなっていく。

調理道具同様、釉薬《ゆうやく》のない焼き締めなどの肌の粗い器は、タワシで洗うことで表面は優しく滑らかになる。傷つきやすい漆器や磁器や釉薬のついた器は柔らかい布かスポンジで洗う。食器洗浄機が普及しているが、好きな器を眺め触れて洗う楽しみがある。ひとつ一

つ手洗いしては、水切りカゴにそっと入れ、きれいに並べるのが楽しい。

器は割れやすいものであるが、割れなければいつまでも使える。

何十年何百年でも使うことで名器ともなる。器に触れて、扱うことで、器が好きになるものだ。いいな、美しいなと感じるようになるのも時間のかかるもの。

仕事で若い人に洗いものをしてもらう。そんなとき「器を割るな」と言っても器は割れるが、「音を立てないように洗って下さい」と言うと器は割れなくなるものだ。やがて、手の動きが美しくなれば、高価な器でも触らせてもらえるようになる。

焼き色のおいしさ

濃い焼き色
薄い焼き色

料理をしていると、その焼き色や揚げ色がおいしさにつながることに気づく。身近なものであれば、朝のトーストの焼き色、豚カツの揚げ色、ローストチキンの香ばしく焼けた皮目の焼き色。とかく、焼き色は薄いほうが上品とされるが、濃い焼き色は庶民的でリアルにうまそうな感じがする。焼き色は、まず目を通して食欲を刺激し、さらにパリッとした食感と強い風味をもたらしてくれるのだ。

焼き手は、たとえば、深い焼き色にクッキーを焼き上げたいと、出来上がりをイメージして焼き始める。狙い通りに焼くためには、大きさや厚みといった素材の性質をよく見て、素材と熱源の距離と火加減を決めて、焼き時間を予測する。

焼き物をおいしくつくれるということは、調理以前に「おいしそう」という胸にぐっとくるようなものを自分の中に持っていなければならない。料理に限らないが、自分が大好きなものは判断が厳しくなって、もう少し濃い色とかもう少し薄い色とか、細かくなる。

おいしそうの原点

二百五十万年前、石で肉や芋を突いてつぶす、石器を使って食べやすく小さく切るということから人間の料理は始まった。五十万〜百万年前、火を利用するようになった。人間の調理の最初は「焼く」ことだろう。焼くことで肉は殺菌されて、柔らかくなって噛みちぎれて、また香ばしくなり、消化しやすくなった。

火に炙られた肉がじりじりと音を立てて脂を流す様子をじっと見ていた人びとは、間違いなくお腹が空いていたし、今の私たちよりもずっと食べたくて仕方がなかっただろう。それでもけんかせずにマナーを守って、家長から分け与えられるのを待っていたに違いない。その肉がいかにおいしそうに見えたことか。どの部位がどんな感じに焼ければおいしいのか、幼い頃から見ていたから知っていただろうと想像する。

今もヨーロッパで肉の塊を切り分けるのは男の役目として受け継がれている。「おいしそう」の原点にあるものは大自然の中で生きるための野性の力だ。

料理とは不思議だなと思っていた。それは焼き物を焼いていて、おいしそうにきれいな焼き色がつけば必ずきちんと火が通っていることである。言い換えれば、おいしそうに見えることとは、調理の確かさと加熱が完全にできていたことを、示してくれている。

「きれいな焼き色をつけて焼く」と昔からレシピにもよく書かれているが、それ以上に的確な示し方はないのである。それでは分からないと科学的根拠として数値化してレシピをつくるように要求する人があるが、塊の大きさ、切り身の厚み、素材の持つ脂の量、水分量、素材の密度といったどうにもならない自然条件を、一定にすることはできない。定数が決まらぬものに、どれほど正確に火加減と時間、鍋の大きさと厚み、熱源をつくる道具を示しても無駄であることは容易に分かる。それよりも総合的に判断する装置が、人間には備わっている。野生という自然を見る経験が、人間の五感を生かした直感となる。

自分という野性を頼りに、魚や肉を焼いてみてはどうかと思う。五感をフル回転させて焼くことに集中するのは、実に楽しいことである。とびきり上等に出会えるというのは、なににも頼らず心を凝らして料理したときである。

低温調理について

ちなみに、おいしそうでない焼き色は要注意である。ところどころ焦げて焼きむらができていると、火が強過ぎたか、素材と火の距離が近過ぎたということだ。焦げていても中には火が入っていないこともある。また、いつまでも焼き色がつかないのは火が弱過ぎるからだ。

そういった失敗を補ってくれるのが熱源だ。備長炭《びんちょうたん》で焼いた魚がおいしいのは、炭という自然の豊かな熱量による。その豊かさこそが、炭や薪の持つ自然の力だ。

最近、塊の肉を低温で数時間かけて焼き上げる調理法がレストランの主流となっている。目的は、通常肉汁として落ちてしまう旨味を一切逃さない、そして肉質を柔らかくすること。直接的な加熱と余熱を生かして肉にストレスを与えないことが、おいしく焼き上げる技術的ポイントとされる。

この流行の元をたどれば、ローストの名人と言われたフレンチシェフ、アランパッサール氏。その母親が暖炉のそばで丹念に肉を返しながら焼いた〝とびきりのロースト〟がことの始まり。シェフは敬意を表して、母親の肖像画をレストランのサロンに飾る。

ここまでは良いのだが、その技術が「高性能オーブンを用いて低い温度を競う」ことになってしまっているのではないだろうか。料理という自然との対話とも言うべきおこないを、科学技術の発展が不自然なものにしてしまうことがある。ゆえに過ぎたる低温調理……十時間以上もかけて調理したものなどには違和感を覚える。滴る脂、肉汁とともに落ちて流れるべき肉のアク（毒）も残されているように感じる。

焼き色の違いを楽しむ

日本でもおいしいフランスパンを焼くお店が増えてきた。焼き立て熱々のバゲットを求めた帰り道、その香ばしい匂いの誘惑に負けて、かじりながら歩く楽しみを日本でも味わえるようになった。それでも、フランスパンだけでは店をやっていけないと聞く。デニッシュ類、サンドイッチ、おかずパン、さまざまな工夫を凝らしたパンの種類が増えていく。

フランスでも日本のようにさまざまなパンを広く扱う大きなお店があるが、古いパン窯で田舎パン

だけを焼き続けているお店もある。早朝、焼き立ての田舎パンだけが棚に並ぶ。田舎パンの大きさも形も焼き加減も違うものの中から好みのものを選ぶ。石窯の中は火の回りが違って焼き色を揃えることができないが、どのパンも魅力的で、焼き色が揃っているほうが不自然だと思えてくる。焼き揃えることはつくり手として重要な問題ではない。

ただ丸くて平たいシンプルなクッキーだけを焼くお店を見つけたこともある。焼き色の濃いもの、薄いもの、別々に選り分けて手作業で袋詰めされ売られている。いろいろ混ざったミックスもある。いこれで、美しい焼き色には価値が

あるということが分かる。自然と火が出会った焼き物には自然の美しさが残されている。これは、炎の芸術と言われる日本の陶芸と同じだ。

きつね色とたぬき色

関西のお正月のお飾りにする鯛を「にらみ鯛」という。1kg以上もある鯛を姿のまま焼くのは火が入りにくくてむずかしいものだ。

そもそも日本の鯛の尾頭付きという料理は、神様のために焼いたもので、人間のために焼くのではない。人間が食べるにしても、お供えにした後、用がなくなったものを人間がいただくのである。だから、祝いの日の「鯛の塩焼き」が焦げていては、みっともない。その反対に、おばんざいの鰯《いわし》や秋刀魚《さんま》の塩焼きをあまりに上品に、焦げ目をつけずに焼いたものは気味が悪いとも言える。

日本ではきれいな焼き色がついたものを「きつね色」と言う。色が薄いというだけでなくそのキツネは神様の使いであるから、美しく焼くべき。濃い焼き色がついたものを「たぬき色」と言うが、親しみやすく愛嬌のあるたぬきは、庶民のおやつ、どら焼きの色である。

白い食べもの

今ではそんなことを言う人はいなくなったが、「ご飯のお焦げは男の子に食べさせたら出世せん」と言われたものだ。昔から日常的にも「白」は尊ばれた。人間と違う遠い世界を表すのが白である。

白いものは白くなくてはならない。日本の精進料理として生まれた胡麻豆腐は白いものだ。胡麻を深炒りにして色がついたものは二級品と、口には出さないが心に思う人はあるだろう。

そういう意味においては、黒胡麻でつくった胡麻豆腐にこの場合は意味がない。日常にいただく豆腐も白いのが良い。白い豆腐にはキリッと角があって、二つに切れば真四角になる。丸い鉢に盛れば清らかで、私たちの背筋を伸ばしてくれているように思う。

食卓の味つけの考え方

暮らしの中では、レシピ通りに味つけをきちんと計量していたのでは、上手くいかないことがある。調味料を計量しないで、目分量でつくったほうが料理上手だからというのではない。分量通りにしないほうが良いというのでもない。たとえば味つけしなくても良いときがある、ということをお話ししようと思う。

ご飯が真ん中の三角食べ

家庭料理に限らず、日本の食事では、お膳にいくつかのお料理が同時に並ぶ。私たちの食事の仕方は、ご飯を中心にして、いくつか並んだお皿から適当におかずを食べて、次にご飯をいただく。ときに味噌汁、そしておかず、またご飯に戻るといった具合だ。食品研究家の河野友美氏は、おかずを食べながら、口中において味を混ぜて変化を楽しむことを「口中調味」と名付けて、日本人の食べ方の特徴とした。

こういった食べ方ができない子どもがいるということで、「三角食べ」と名付けられて、子どもたちが食育として指導されているらしい。最初聞いたとき、三角食べがなんのことか意味さえ分からなかった。そんなものは指導することなのだろうか。

それができない原因は、その子どもの問題ではなくて他にあるように思う。たとえば蟹のように、特別おいしいものがあればだれでもご飯と交互には食べないし、一点集中して無言で食べる。私でも出始めの新秋刀魚の塩焼きを出されたら、おいしくて一尾食べきるまで秋刀魚から離れられないのだから。

ようするに、食べる側の問題ではなくて、料理のほうに問題があるのではないかと考えている。三角食べという食べ方ができるような献立や味つけになっていなければ、だれだってできない。

三角の中心はいつもご飯であり、ご飯とおかずを口中で混ぜながら食べることになる。おかずはそもそも「ご飯のおかず」である。

「ご飯とおかず」の関係

そもそも私たちは少しのおかずでしっかりご飯を食べていた。昔のおかずの味は濃かった。というのも、今のようにおかずの量がご飯よりもたくさんあるなんてことは考えられなかったからだ。ご飯を食べるために必要なおかずの量が少なければ、味つけは濃くなる。おかずの量が増えれば味つけは自ずから薄くなるというもの。

おかずは、「ご飯を食べる」ということを想定して味つけする。ご飯がお酒に変われば、お酒に合わせて味つけをする。

ご飯ならば、おかずの味つけはある程度濃くする。料理を主役にしている懐石のお酒であれば、料理は薄味。酒を飲むことが主になれば、味の濃い（塩気の強い）酒の肴《さかな》となる。

「おかずとおかず」の関係

食卓の上に並ぶおかずは昔のほうがメリハリがあった。甘いものは甘く、酸っぱいものは酸っぱく、そして、固いものは固く、柔らかいものは柔らかく。そうすることで、おかず同士が互いにおいしさを引き立て合うことになる。

ただ今は、健康志向のせいで、減塩され、顎の力が弱くなって、柔らかくて口の中でとろりと溶けるようなものが好まれるようになった。そのためか、おかず同士のコントラストが少なくなって味つけや触感も変化が少なく、平坦になってきた。それではもの足りず、満足できないから、必要以上に辛みといった刺激物や油脂が多く含まれる食品を求めるようになる。

健康な人と体力のない人ではすでに好みや食欲を満たす方法が違う。味つけというのは、食べる人をまず考えなければならない。どのような食べ方をするのか。その人が健康であるのか。その上で、味つけを考える。ここでは、家庭料理として健全で、健康で元気な人、あるいはその元気を維持するための味つけについて話すことにする。

まずご飯を食べるおかず。そのための塩気として昔ながらのしょっぱい漬け物や梅干しがある。とすれば、他の野菜の煮付けや魚の味つけは薄味で良い。どれもこれもきちんとご飯のおかずとしてしっかり味をつけなくても良いのが分かる。食卓の上のおかずの総量で考える。しかし、減塩された梅干しであれば、それでは満足できなくて、結局他の料理に味を求めることになる。

おいしく食べるためには、常に

バランスを考えること。甘辛いおかずにしても、すべてをレシピ通り甘辛くしては味が重なって、重くなる。いつもの料理であっても、ときに味つけしないで醤油を少し落とすだけにしてみる。いつも醤油で味つけると全部醤油味になるから、塩で味つけしても良い。そうすることで、どれもおいしく食べられる。

　さまざまなコントラストがあるからこそ、ものの味は冴える。ゆえにレシピに頼るばかりではなく、食卓全体を考えて立体的に調味をするのが、家庭料理の味つけのコツである。

お料理の火加減

レシピには、調理中の火加減を強火、中火、弱火と記す。ときに、中火強、中火弱と記すこともある。これは炎の大きさを示しているのだが、実際にお料理するときには、鍋の中の様子を見て、「これが中火」「弱火」と判断するのが正しい。というのは、鍋が小さければ、中火でも強く煮立つし、鍋が寸胴のように大きくなれば、家庭用のコンロでは強火であっても弱火ということになる。よって、レシピに記された火加減は、炎の大きさやレンジに示された火力表示を示しているのではないことが分かる。鍋の中の煮立ち加減をよく見て、火加減は調整するものだ。

調理法によっても、煮物はいつも弱火ではない。強火で煮る場合もある。強火というのは、ごんごんと煮立っているというイメージで、いんげん豆や菜ものを茹でるときには、この強火で茹でる。また、たっぷりのだし汁を使った煮物（含め煮）、たとえばそら豆の青煮や小切りのかぼちゃも強火で短時間で煮上げる。この場合は強火で煮たほうが煮汁が澄んですっきりと煮上がるからだ。煮魚も強火でごく短時間で煮るが、落とし蓋をするので、火の回り方を見ながら「炎の大きさはやや中火だが、落とし蓋の効果で強火」で煮ていることになる。

鍋の中の表面を見て、激しく煮立っているのが強火、穏やかに煮立っていれば、中火。鍋がクックッと微笑む感じであれば、弱火としている。

火加減は複雑でデリケートなもの

レシピに示されているほど火加減は単純ではなくて、とても複雑でデリケートなものだ。チキンスープのレシピには「鶏ガラにかぶるくらいの水を入れて強火にかけ、煮立てばアクを取って火を弱め、静かに煮立つほどの弱火で三十分

煮る」と記す。

実際には、材料を入れて煮立つまでは強火にしてしっかりアクを浮かせて除く。浮いたアクが素直に集まる程度の強火を保ちながら、充分にアクを浮かせる。いきなり弱火にしては充分にアクが浮かないので、鍋の中の様子を見ながら強火から中火、中火から弱火と、微妙に火を弱めて落ち着かせてゆくのである。さらに、時間の経過とともにだんだんと火を弱めて、最後には弱火でも「ごく小さな弱火」にする。

このように、微妙な火加減は言葉で正確に記すことができないほどややこしいものだ。これをそのまま書くとレシピとしては複雑過ぎる文章になってしまう。

だから、料理はむずかしいのだと言いたいのではない。言葉にすれば非常に複雑なことを、人間は意外と簡単にできるものである。それは鍋の表面をよく見ながら一言で言えば「いい感じ」に煮立っているのかを見極めれば良いからだ。心地良くというか、そのいい感じがポイントで、変化する鍋の中の美しさを維持すること。それは見飽きることはないし、一時間でもアクを取り続けると言えばたいへんそうだが、本人は美しく煮立つ鍋の中の世界を面白く楽しんでいるものだ。

火加減を料理雑誌の編集者に聞かれ、強火で煮ると言っておきながら火を弱めれば「中火ですか?」と聞かれる。そのまま単純に「中火で煮る」という原稿にすれば「いやそうじゃない」となるし、「煮立ち加減を強火に保ちながら、煮汁が減ってきたらそれに合わせて火を弱めて同じような煮立ち加減に保つ……」と言っても、編集部は困るのである。

　テレビ番組や雑誌でも、手元に注目しているので、微妙な火加減の調整は映し出されることはほとんどない。だから、意識が低くなっているのだろう。

　火加減は料理の味を左右する大切な要素。代表的な例を三つ。フライパンでつくる「炒め物・焼き物」、天ぷらなどの「揚げ物」、「汁物・煮物」についてその特徴とコツを考えてみたい。

炒め物の火加減

　調理を自動車の運転にたとえてみる。ハンドルさばきは、鍋返しやヘラを使って素材をかき混ぜること。スピードを出したり弱めるアクセルとブレーキは、強火、弱火といった火加減にあたる。いつも強火で調理するということは、いつもフルスロットルで車を走らせることになる。すると当然事故を起こす。プロ用のガスレンジを家庭の台所に入れて、プロのようにかっこよく強火で料理したいというのは男性に多い。それは普通免許でレーシングカーを運転する無謀である。

　もう亡くなられた人だが、尊敬する中国料理人で、郭長聚《かくちょうしゅう》さんがチャーハンをつくる姿を見て感動したことがある。鍋を振る回数は必要最小限、すっと立つ後ろ姿は穏やかで静かである。チャーハンで大切なことは飯を焼くこと。そのためには焼けるのを待つ間《ま》がある。つくり方はいたって穏やか、慌てずにしっかり鍋を見て一粒一粒のご飯を丁寧に焼いているのだ。その姿は美しく、以来、中華のイメージががらりと変わった。

　必要以上に触ると鍋が火から離れるので鍋の温度が下がる。それでは焼き色がつく前に、具材の表面が傷んで口当たりが悪くなり、素材から水分さえ出てくる。決して火と戦うのではなく、火をコントロールできる範囲にとどめ、火と仲良くすることが料理だ。

そもそも和食には、炒め物というのはなかったのである。炒めるとは強火の調理で、油が関わることでうまく材料を滑らせて火を入れる。中華料理とは熱源も違うし、油を使わない和食にはなかったのだ。

油を使った和食は、比較的新しい鉄板焼きやお好み焼きである。これは炒め物ではなくて、油焼きだ。炒め物でも、油焼きのように調理すれば良い。鉄板焼きで水気の多い玉ねぎの厚切りを動かさずにじっと焼けば、こんがりと焼き色がついてみずみずしく焼き上がることで分かるだろう。動かさない玉ねぎから水は出ない。

この要領で、フライパンで調理するときでも、動かさず焼き色がつくまで待つことだ。じっとしていること。手は動かさない。手を動かすことが調理だと思っている人も我慢すること。

戦国武将が城攻めでやたら攻撃しても、相手を落とすことはできない。そんなときはじっと待つのである。「待つことも戦である」と言ったが、待つことも料理である。

炒め物には水攻めもある。というのは、素材の中に水分があることで、火は通りやすくなる。

青菜の炒め物などは、青菜を洗ったときの水滴がたっぷりとついていることで、火が通るのである。乾いた青菜であれば、ピタと鍋に張りついたようになって油でベトベトとなるばかりで、火の入りが遅い。水滴が熱い鍋に触れて蒸気が立ち上がる。青菜はその蒸気に蒸されて火が入るのだ。

他の野菜でも、炒めるときに火が入りにくくなれば油を補いがちであるが、そんなときには水を少し補ってやると良い。油による直接加熱と蒸気でふんわりとすっきり仕上がる。

揚げ物の火加減

天ぷら屋さんがたっぷりの油を使うのは、油の温度を適温に保ち、少々材料を入れても冷めず安定させるためである。それゆえに揚げ物のコツは、冷めにくい厚手の鍋、たっぷりの油、一度に素材を入れ過ぎないことと教わったものだ。

天ぷらも海老など上物は180℃、野菜は160〜165℃で揚げると記されていた。一定温度で揚げるというのが前提であるから、火加減は示すことはなかった。この温度管理だけでも、天ぷらはむずかしいもので、調理後の油の始末もたいへんということで、だんだん家庭では揚げ物をしなくなった。

そこで、私はフッ素樹脂加工のフライパンに油を1cmほど入れて少ない油で揚げる。二人分であれば直径21cm位の小さいものでよい。少ない油での揚げ物は、レンジのつまみを動かして温度の調節をすることになるが、とても手軽に揚げ物がつくれる。

から揚げやローストンカツなどは、冷たい油に衣をつけた具を入れてから火をつける。最初は強火にする。ゆっくり温度が上がって、やがてぷつぷつと言い始める。あ

る程度いい感じになれば、少し火を弱めてやる。量が少ないから強火のままだと温度はどんどん上がっていく。煮立てば温度を下げること。そしてこんがりとおいしそうになれば出来上がり。量の少ない油での調理は、火加減を弱めることを忘れてはいけない。

汁物や煮物の火加減

味噌汁を温めなおすとき、早く沸くように、つい強火にしてしまいがちだ。だれもが忙しい現代では、早いことは善ということになっているが、スピードはいつもなにかを犠牲にするものだ。多くの場合は、強火はおいしさを損なって素材をまずくする原因になる。強火にかければ味噌汁だって、お吸い物だって傷つく。無理をせず穏やかな火でゆっくりと温度を上げてやることで、優しくきれいな味になるものだ。だから、火の当たりの柔らかい土鍋で味噌汁をつくれば、加熱による風味の劣化はなくなる。

水から素材を加熱する料理も強火ではいけない。だし汁を取るのも、ご飯を炊くときも同じだ。

昆布と削り鰹を鍋に入れて水から煮立てる。強火にして短時間で煮立てると、水は煮立っても、昆布はまだ小さく、大きくなっていない。昆布のだしは煮立ててだすのではなくて、煮立つまでに昆布が大きくなっていくことで無理なくうまいだしがでる。

お米を上手に炊くには、「はじめちょろちょろなかぱっぱ」であるから、ある程度時間をかけてゆっくりと煮立てる必要がある。湯が煮立つまでに米の温度も一緒に上がることで、米のアルファ化が進む。だから、煮立ってくるときにいい匂いがしてくる。

時間がおいしさをつくる。繊細な和食の味わいは、雑味のない清らかさの中にこそある。清らかさは、穏やかな火加減による。

肉をおいしく焼いて食べること

肉汁について

　ビフテキは強火で短時間で焼くものだ。厚い鉄のフライパンをよく熱して、少量の油を入れてなじませ、バターを落とす。バターが溶け始め、泡となって膨らんで、泡が消えて沈んだところに牛肉を入れる。フライパンの上で変化するバターの状態はフライパンの温度を示し、肉を入れるタイミングを教えてくれる。おいしそうな焼き色がつけば、一度返す。焼きながら表面をよく見て、上面に肉汁が浮かんでくれば、焼き加減はミディアムであると判断できる。

　肉汁が染み出るということが目安になるのだが、冷凍や管理の悪い肉からは肉汁は出てこない。それは、肉汁がすでにドリップとして流れて失われているからだ。すでに、おいしさが目減りしているものもあるから要注意。いい肉屋さんの肉というのは、ドリップのまったくないジューシーな旨味をそのまま含んだ肉である。よく管理された肉であれば、ミンチに挽いた肉でも白い紙を赤く汚さない。

　このようによく管理された肉の切り立てが良いということは、だれでも想像がつくのだが、その違いは食べてみれば、はっきりとしている。日本ではミンチ肉としてすでに挽いたものが冷蔵ケースに並べられているが、ヨーロッパでミンチ肉を求めれば、その場で挽いて挽き立てを分けてくれる。それは肉食文化に優れた国では当たり前のことだろう。

　塊の赤身肉を自分で挽き肉にして、つなぎもなにも入れないで、手の平に打ちつけてハンバーグ型にまとめる。なにもせずに塩こしょうだけをして、焼き色をつけてミディアムに焼く。焼き立てのバンズ（パン）に玉ねぎ、焼き立てのハンバーグ、トマトのスライスを重ね、バンズを載せて、ハンバーガーをつくる。マスタードもケチャップもなし。そのおいしさに驚くと思う。

魚食文化に優れている日本では、刺身こそ（この頃は切って売られるようになったが）なにも加工しないそのままで並べるというのが、鮮度の良い魚の証明となる。小さく切ったものは、植物でも動物でも血を流すから、時間が経てば食材の価値は下がり、まずくなる。おいしいものを食べることが好きな人なら、刺身でも自分で切ってもらいたい。

ビーフステーキ、ローストビーフと鉄板焼き

ビフテキを焼く直前に塩をするのも、肉汁を逃さないためだ。ビフテキは肉の表面を強火で焼いて固めて、肉汁を閉じ込める。温めた皿に盛り、端の方からステーキナイフでひとくちで食べられる大きさに切りながら、フォークで刺して口に運ぶ。切ったところからは肉汁が染み出すが、切ってすぐに食べることでおいしい肉汁を逃さず、口中に広がる。ビフテキは焼き立てのまだ肉汁が動いているところを食べる料理である。

ステーキの焼き加減は、ミディアム・レアという焼き加減でも、決して生ではない。ベリーレア、フランス語でブルーという焼き加減なら生でもよいが、レアであっても軽く火が入っている。でも3㎝以上にも肉が分厚くなると、この焼き方では中まで火を入れるのに時間がかかり、肉の表面に火が入り過ぎる。だから、大きな骨付きの肉や、厚いヒレ肉であれば、表面を焼いて固めてから、フライパンごとオーブンで蒸し焼きにして焼き上げることが多い。

ローストビーフは肉の大きな塊の芯まで均一なロゼ（ピンク）に焼き上げる調理法だ。オーブンの穏やかで厚みのある熱を、時間をかけてじわりと肉の芯まで伝える。大きな塊であるから、私は、一〜二時間前に肉に塩をすり込み、こしょうとガーリックパウダーをして、常温に置く。しっかりと旨味を引き出す下味をつけることと、

同時に塊肉の芯まで充分に温度を戻しておくことが大事。火の通り加減が違ってくるからだ。［火の通り加減をみる串Ｐ・０５１］の項で話したが、肉がどれだけ焼けているのか、外からは分かりにくいので、金属の串を刺して確かめる。肉の中心部分を貫くように串を打ち、六〜七秒ほどおく。串をすっと引き抜いて、肉の中心にあったところを唇に当てて、柔らかな温かみがあれば良しとする。常温に戻しておかなければ、このような微妙な火入れの判断がむずかしくなる。

オーブンの温度は最初高めに設定しておき、その後１８０℃に下げて焼き上げる。大きなプロ用のオーブンは家庭用のオーブンに比べてずっと大きいから、しっかり熱を蓄えるので熱量が大きい。小さなオーブンの場合は、鋳物の鍋などに入れたまま焼くことで、熱量を大きくすることができる。

焼き上がったローストビーフは、すぐに切ってはいけない。アルミホイルにくるんで、焼いた時間と同じだけ寝かせると、その間に余熱が回って、肉汁が落ち着く。一時間焼けば、一時間寝かせる。これで、焼き上がったローストビーフを薄く切り分けても、肉汁が流れることはない。

ビーフステーキは、生き生きとした肉汁を味わう料理。ローストビーフは落ち着いて肉の旨味をゆっくりと楽しむ料理である。

日本のステーキハウスには、美しく磨き込まれた鉄板がある。お客様の目の前で静かに肉を焼き、鉄板の上でナイフを使って、お箸で食べやすいように一口大に切り分けてくれる。小さく切っても肉汁はこぼれることはない。それは、鉄板の分厚さによる。10㎜以上はあるのだろうか。分厚い鉄板は、短時間で肉の奥まで熱を伝える豊かな熱量を生み出す。分厚い鉄板によって穏やかに火が入るのだ。

熱源が変われば、肉の味が変わる。今、世界中で刺身やにぎり寿司のおいしさが好まれるようになったが、それ以前の日本料理といえば天ぷら、すき焼き、それに鉄板焼きだった。お箸を使って食べるということは、あらかじめ切られていなくてはならない。という意味で、鉄板焼きはステーキを進化させた、ローストビーフ的な料理である。

分厚い鉄板同様、豊かな熱量の原点は、炭であり、薪である。昔ながらの薪を使った暖炉で焼く肉のおいしさ、炭火で網焼きにするバーベキューや焼き肉のおいしさは、その熱源によるところが大きい。

暖炉の火で炙りながら、少しずつ肉を回転させ、一時間でも二時間でも時間をかけて焼く。余分な脂とともにアクを落とし、実に香

ばしくすっきりと焼き上がる。

　食材同様、熱源もできるだけ天然自然なものが良い。知識を持たなくとも、目で見て、匂いをかいで、あるいは音を聞いて「おいしそう」という感性にゆだねるようにすると、肉はおいしく焼き上がる。肉の旨さに深く親しんだ人々が、脂がしたたる塊の肉をよく切れるナイフで切り、フォークで突き刺して、一瞬見つめてから口に運ぶしぐさから、いかに肉を大切にしてきたかがよく分かる。

鉄のフライパン、フッ素樹脂加工のフライパン

　鉄のフライパンとフッ素樹脂加工のフライパンの扱い方が違うことを確認しておきたい。鉄のフライパンは、必ず熱くなるまで熱してから油を注いで、油膜ができたところに肉をおいて焼き始める。それは、あらかじめよく熱しておかなければ、肉がくっついてしまうからだ。フライパンに限らず、昔ながらの鉄製の中華鍋や銅製の玉子焼き鍋でも同じである。また、油膜の層があるので、焼いた食材の臭いが必ず残る。そのために肉は肉、魚は魚と区別しなければならなかった。

　フッ素樹脂加工のフライパンはくっつかないということが特徴だが、鉄のフライパンのようなむずかしさはなくて、だれにでも使いやすいものだ。よく温めるという手順を踏まなくても、冷たいところに肉を入れて、調理できるようになったのだ。フッ素樹脂加工なら、油（膜）を洗い流すこともできるので、魚を焼いた後に肉を焼いても臭いが移らないから、ひとつのフライパンで併用することができる。

　から揚げをつくるとき私は常温の油に入れて揚げ始めるが、こういった新しい調理法も、実は、フッ素樹脂加工を使用するようになってから始めたものである。

　ただ、このフッ素樹脂加工は熱伝導が悪い上に熱を蓄えないので、ステーキやオムレツがおいしく焼けない。でも、この特徴を生かすと、肉汁をとどめて小さく切り分けお

箸で食べるという焼き方には適している。

部位はヒレなら3〜4㎝厚、ロースなら2㎝厚以上がよい。肉は焼く直前に塩こしょうする。フライパンにバターを入れて、バターの泡が沈んだところに肉を入れるのはビフテキと同じ。ただすぐに火を弱めて、十分ほど焼く。火加減は肉の下にある脂が静かに音をたててジクジクと動いているほど。返すのは一度。裏側も同様にさらに約十分間弱火で焼く。

焼き上がれば、すぐにアルミホイルに包んで十分ほど寝かす。頃合いを見て、よく切れる包丁を大きく引いて一口大に切る。肉汁は染み出さない。皿にきれいに並べて盛ることで、肉料理が日本料理になる。

お料理の温度のむずかしさ

心地良く感じる温度

「熱いものは熱く、冷たいものは冷たく」というもてなし料理の極意を示す格言は、ずいぶん幼い頃に聞いて以来、印象深く心に残っていた。しかし、その言葉を知っていたとしても、それがどれだけむずかしいことなのか、それがいかに重要であるかが分かるまで、相当時間がかかったように思う。

食べものの温度は触覚で感じるもので、舌にある味蕾で感じる味覚とは違うものだが、おいしいと心地良く感じる重要な感覚だ。触覚は味覚を補う。熱々とか、冷えとか温度が強調されるときは、味覚は鈍くなっても、触覚で心地良さを感じているからだ。

熱々で出される料理屋の料理は「温度で食べさせる」ものが多く、ごく薄味でもおいしく感じられる。家庭料理の多くのおかず（総菜）は常温で食べておいしく調えられているものだが、同じものも出来立ての熱々では素材の持ち味が感じられずに、ほんとうはもっとおいしいはずなのにと思うことがある。また、とろみのあるスープ（たとえばコーンスープ）は、塩が溶けやすい温かさで味見していいなと思っても、冷たくなれば塩味は強く感じられるもので、しょっぱく感じられる。

日常のおかずはそれなりの温度で食べる。煮転がしや、きんぴら、おからやひじきの煮物はそのままで良い。焼き物や揚げ物でもそのままの温度で良い。これをすべて電子レンジで温めようとする人がいてビックリしたことがある。なぜかなと考えた。洋風の食堂では、いつも出来立ての熱々が出されるからだろうか。それとも、おかずがいつも冷蔵庫に入っているからだろうか。冬でも部屋の中が暖かいから、つい冷蔵庫に入れたくなるが、冷蔵庫から出してすぐは冷たさで味が分からない。しかし、熱くする必要はなにもない。寒い北国では、囲炉裏の火で漬け物でも何でも炙って温めて食べたと聞くが、何も焼いて熱くしているのではない。冷た過ぎないように戻しているのだ。

　私たちは、あまりに熱いものもそうだが、あまりに冷たいものも、味を感じることができない。冷蔵庫に入っていた煮物は食べる三十分ほど前に冷蔵庫から出して常温にしておくのが良い。これは、よく言われるように冷蔵庫に入ったチーズやチョコをおいしく食べる方法でもある。どの料理にもおいしい温度というものがある。

　温度と甘味、塩味それに香りという触覚と味覚と嗅覚の関係を、分かりやすく法則的に説明できるのではないかと思うのだが、複雑な要素が重なり合い、時間とともに絶えず変化する料理の世界では、はなはだむずかしい。ただ、食べ慣れた料理についてであれば、だいたいのことは、だれもが無意識で判断し調整できることでもある。人間の感覚は変化するものにさえ対応できる。

風味を持たせて温める

　料理屋で蓋を取れば、小芋やほうれん草などのお料理が驚くほど熱く温められている。どうすれば、これほどお料理が熱くできるのかというと、料理屋では盛りつけた鉢ごと蒸し器の中に入れて温めているからだ。煮上がったそのままの鍋で火にかけて温めると、煮汁が煮詰まって味が濃くなる、また芋が煮崩れる。さらに煮汁が濁って味が重くなってすっきりとした味にならないなどの問題が起こる。蒸し器の蒸気で温めると、そういう心配はまったくいらないのだ。

　寒い朝、家族が出かけるときや、冬の冷たい日に外から家に戻るとき、温かいもので体を温めてやりたいと思う。「もうそろそろ（帰ってくる）かな」とタイミングを計って、味噌汁の鍋を火にかける。まだかなと思って火から下ろす。火にかけ過ぎると煮詰まってしょっぱくなる。待たせないですぐに食

べさせてやりたいとも思う。母親は味噌汁ひとつ温めるのでもやきもきとしているものだ。

そういう気持ちを家族に知ってほしいと思っても、なかなか言葉には出せないものだ。「電話をかけてくれればいいのに」とうるさく言うのも、家族を思う気持ちである。

家庭でお料理を温めるなら、小振りな土鍋に入れて小さな火でゆっくりと温めることをおすすめする。蒸し器で温めるのも良いが、土鍋の持つ強い熱で温まったものは、その保温力のおかげで、ゆっくりと食べているあいだずっと温かさを保つ。冷たい味噌汁でも土鍋で温めると、火のあたりが優しくて風味を失わないものだ。

温め方でお料理の味は変わる。温度計で測った同じ温度であっても、強引に温めたものは必ず化学変化を起こして味を損ねている。その点、昔ながらの道具でゆったりと温めると味を損ねることも少ない。

冷やご飯はおいしい

ふっくら炊き立てのご飯は私たちにとって最高のご馳走だ。炊き立てご飯とは、蓋を開けたその一瞬のもので持続性はない。炊き上がれば、すぐにおひつに移す。自然に冷めるおひつのご飯は、それぞれの温度でおいしく、時間が経てば、おひつの中でおいしい冷やご飯ができている。

おいしい冷やご飯を調理すれば分かるが、焼き飯にすれば、フライパンの中で、ほろほろと崩れていくのはおいしさの証明である。おいしい冷やご飯からおいしい焼き飯はできる。

ご飯を味わうなら、やや冷め加減のご飯やおにぎりのほうが、ご飯の甘みやご飯粒の弾力を味わうことができておいしい。

たまに温かいご飯しか食べられないという男性がいる。偉い人に育ってほしいという親心から、よほど大切に育てられた人だろうと思う。ものが食べられなかった時代に「炊き立てご飯神話」が出来上がって、それは今も残る。「おひつ

ご飯のおいしさ考P・062」でも説いたが、「冷や飯を食わされた」「冷や飯食い」は、冷や飯をして悪い食事や冷遇された人を指していた。
でも今は、温かいだけでまずいご飯はたくさんある。温かさでまずさをごまかす。食べるものに困らない現代なら、温かさにこだわらず、炊き上げたご飯がまずくならないように気を遣ったものがご馳走だと思うのだが。

茶碗の感性

日本人だけがお茶碗を持って食べるのはなぜか

私たちは、どうしてお茶碗を手に持って食べるのか？　ということを考えた。

お隣の韓国へ旅をしたとき、韓国では茶碗に限らず、器は持って食べてはいけないと教えられた。中国では、茶碗を持つこともあるように思うが、通常は器を持たずに箸でつまんで、そのまま口に運ぶ。また、両国では匙《さじ》やレンゲを併用して、匙（レンゲ）を使うときは器はそのまま置いた状態で汁物を飲む。

日本へは飛鳥時代に中国から箸と匙がセットで伝わってきたので、精進料理は今でも箸と匙を併用している。箸が庶民に広まってゆくとき、匙を用いることはなく、箸だけが広く伝わり、日本では匙を使う習慣は生まれなかった。

日本だけがお茶碗を手に持って食べるようになったのは、お茶碗に盛られているものがご飯だからだと思っていた。というのは、日本人にとってご飯はなにより大切なものだからだ。

三千年前、大陸から稲作が伝わり、稲作は日本の自然環境にもよく合って、米を中心とする暮らしが始まった。稲をつくり、米を収穫して、蓄え、管理することが、安定した国の食を担い、国を治めることにつながった。日本の神社はそのほとんどが稲の神様である。米価が賃金の基準となり、石高が大名の力の大きさを示した。農民は鎌倉時代から明治に至るまで、収穫の多くを年貢として納めた。そうして、日本の美しい里山の景色はつくられた。

そんなお米を私たちは一粒たりとも粗末にすることは許されなかった。日本人にとって大切なご飯が盛られたお茶碗は、下に置くわけにはいかないのだ。いただくとは、頭の上まで差し上げること。

日本人であるためのしつけ

それほど大切な米を炊いて、ご飯を茶碗に装《よそ》う。両方の手でいだくように持ち、下には置かず、左の手の平にしっかりと安定させてから、右手でお箸を取る。大切なご飯の入ったお茶碗だからこそ、下に置かないで、茶碗を手に持ってご飯を食べることが日本人の食べ方となった。

私たちは、皆「お茶碗を持って食べなさい」と物心つく前からしつけられた。「お茶碗を持つ手は左、お箸を持つ手が右」と左右を覚えるのにも役立てた。日本人の茶碗をきちんと持って食べる姿は、背筋がピンと伸びて美しい。私たちは、背中を真っすぐにして姿勢を良くして食べるようにしつけられ、茶碗を持たず置いたまま食べると猫背になって犬食いだと言われる。

食べる姿の美しさ

大切なものは片手では扱わず、常に両方の手を使う。私たちがていねいに物を扱う動作は、世界中の人々が見ても美しく感じる。

お茶碗を手に取って食べても良いとなると、食卓に並ぶ他の器も手に持って食べることが許される。汁物もスプーンを使わないで、椀を手に持った。直接、椀に口を当てて汁を吸う。小鉢やお手塩と呼ばれる小皿など、手に持ちやすいものは、すべて手に持って食べても良い。もちろん焼き魚や大きめの皿などを手に持って食べるのは、言うまでもなく格好の悪いことで、これはいけないこととなっている。汁が垂れそうで、危ういものは、茶碗の蓋をお手塩代わりに添えていただくと良い。

テレビの食レポートで立ったまま味見をするとき、つまんだものが箸からこぼれないように、左手でそっと受けて口に運ぶのをよく見る。一見上品そうに思うが、してはならないことのひとつである。本来は小皿や、懐紙（ナプキン）やハンカチなりを添えるものである。左手を汚したらその手をどうするのかというその先まで考えると、おかしなことである。

立って食べてはいけない

　座の生活をしていた日本人は、立ってものを食べるなんてことはなかった。だれもが「座って食べなさい」と叱られたことを覚えている。だから、遊園地でもアイスキャンデーを買えば、まず椅子を探した。そのように食べながら歩くことはいけないと感じていたが、今では、その違和感がなくなってしまったようにも思う。日本人の美徳として、意識的に残す努力をしても良いのではないかと考えている。

　食のあり方が、その国の形をつくる。人の生き方をつくり、アイデンティティを育てる。その文化が時間をかけてつくりだした規範に応じてお行儀よく食べることで、人は安心して人を仲間と認める。日本の食事の作法を守り育てることが、日本人が共感できる社会の基礎となるのだ。

　この原稿をはじめに書いたのは四年前であるが、単行本として出版するにあたり加筆している。

　お茶碗を手に持って食べるのは、それがご飯であるからと稲作文化に結びつけて考えていた。しかし今、改めて考えてみると、器を持って食べるようになったのは、それ以前に、縄文土器で調理した具の入った汁を各自の椀に移したときからだったのではないかと思う。自然の恵みを八百万の神として、すべてに感謝する。ゆえに、手で椀を持ち、一本の削った白木を持って食べていたのではと想像する。日本で一組の箸は後からもたらされたもので、その昔から椀をいただいて食べていたと考えている。

　日本のたいていの新しい学問は大陸から伝えられ、影響を受けてきたが、食事については、まったく違う考えで独特な形で発展してきたのだ。

日本のだし汁

一番だしと二番だしの違い

だし汁のことを、一番だし、二番だしと言うが、その違いが分かるだろうか。言葉だけで考えると一番が上等、二番はその次、または上等じゃないもの、となる。それではなんでも一番が良いということになってしまう。しかし実際にはそういうことではなくて、その違いは使用目的にある。一番はお吸い物専用のだし汁、二番はお吸い物以外のオールマイティーに使えるだし汁である。

そもそも澄んだお吸い物というのは、味噌汁よりも格が上と考えられて、お客様や家族のお祝いのハレの日のものとした。だから、一番だしは毎日必要なものではないことが分かる。

一番だしの材料は、血合いの少ない上等の削り鰹とだし昆布。素材は強く煮立てると雑味である渋味やえぐみがでる。ゆえに、一番だしでは削り鰹や昆布が入ったものを強く煮立てることはない。

乾物である昆布を三十分ほど水にひたして、昆布が大きくなれば昆布だしになる。または鍋に昆布と水を入れて、家庭であれば中火以下で時間をかけて、昆布が大きくもどったところで煮立つ前に取り出す。これが昆布だしである。そして、昆布だしがごく静かに煮立ったところに、削り鰹を入れてすぐに火を止め、削り鰹が沈んだところを、布ごしする。このとき、ギュッと絞るようなことはしないで、静かに落ちるのを待つ。ようするに一番だしは清らかな上澄みを抽出したもの。

一番だしを取ったあと、布に残ったただし昆布と削り鰹には、まだ旨味が残っているので、これに再び水を適宜加えて火にかけ、しっかりと煮立てて、布ごしする。こうして一番だしの残りでも薄い二番だしが取れるが、いきなり水に新しい昆布と削り鰹を鍋に入れて、中火以下でゆっくり煮立てたあと、ギュッと絞って布ごしすれば、濃い二番だしが取れる。

ややこしいので繰り返すが、味噌汁や煮物に使う二番だしは、削り鰹とだし昆布を水から入れて充分に沸騰させてこせば良い。

煮干しのだしが合うもの

削り鰹や昆布はそもそも高価な食材で、身近なものに煮干し（いりこ）がある。煮干しのだしは、煮干しの頭と内臓を除いて大きなものは裂き、水に入れて、沸騰してから少し煮る。だしが出れば煮汁が少し飴色になる。煮干しのだし汁は、二番だしに比べて魚の臭いが少し強いので苦手な人もいるが、旨味の強いだし汁が取れる。これで慣れてしまえば、削り鰹や昆布で取っただし汁では物足りなくなるほどだ。

煮干しのだしは、いろいろな野菜や肉がたくさん入った具沢山のお味噌汁にはよく合う。たとえば、手打ちのうどんを味噌汁で煮込む（香川県の打ち込み汁）ときなどは、煮干しのだしがよく合う。

削り節にも、鰹の他に、味の強いサバ節、イワシ節などがあって、関西のそばやうどんのだしを取るときは欠かせない。

今は、だし汁と言えば鰹や昆布と言われるようになったのは、「勝つ」につながる鰹、「喜ぶ」につながる昆布で縁起が良いこと、位の高い人が使う高級な食材への庶民のあこがれ、煮干しなど手頃な値段の食材よりも上等なものを使いたいと願った結果である。もっと煮干しの良さを伝えなければならない。

もうひとつ、知っておいていただきたいのは、削り節、煮干しは素材の良し悪しで、その風味、香りが変わってくるということ。品質が落ちると著しく変化するのは匂（臭）いである。素材の鮮度、製造過程で品質の悪いものは生臭みがあって、その後の管理の悪さで品質を落としたものは、風味と香りを失い、味が重く澱んだ感じになる。管理の行き届いた良い店で求める。

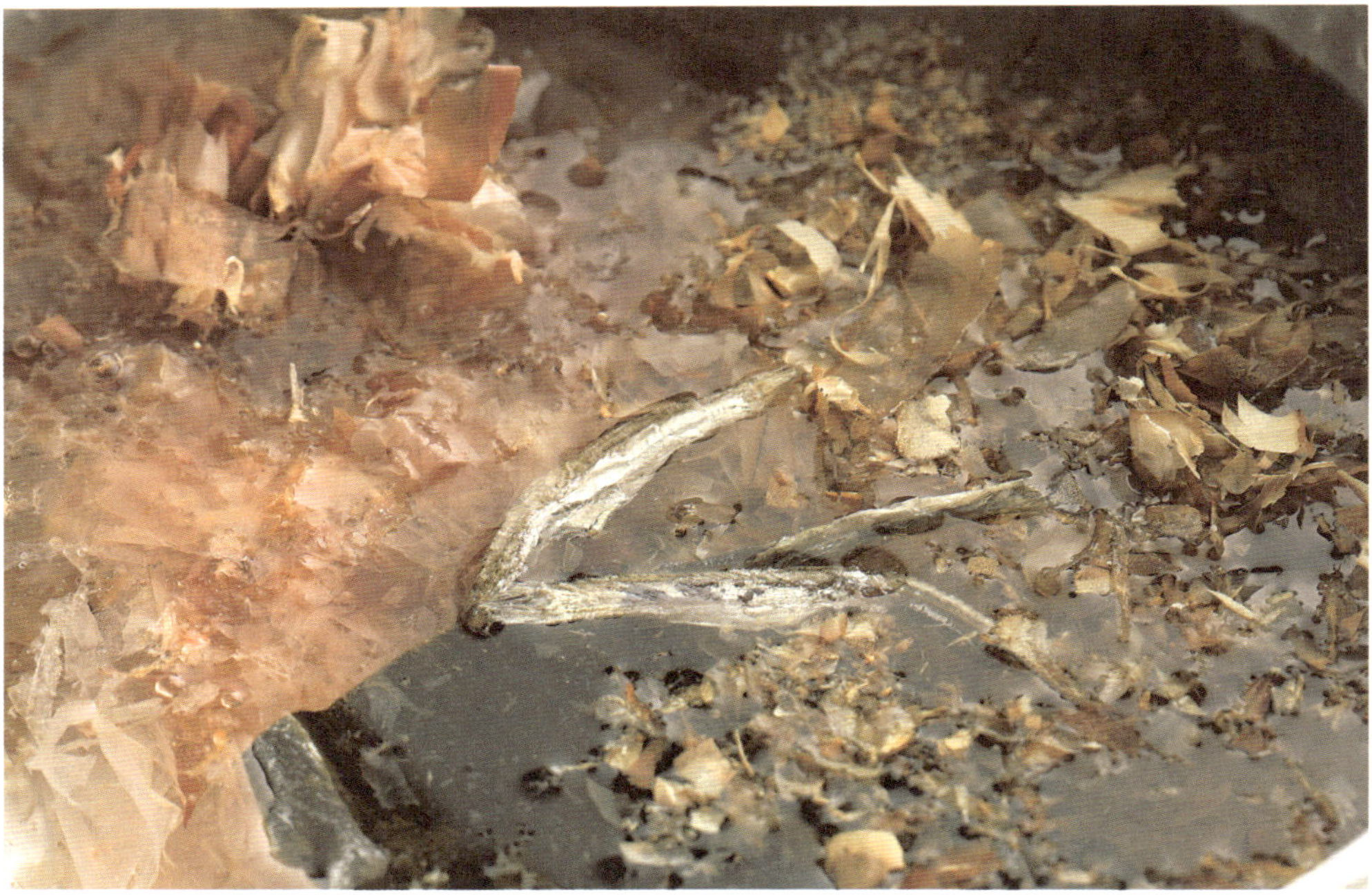

ブレンドだしのすすめ

削り節や、煮干しなど、一度封を開けたものの保存は風味が落ちないように空気を抜いて冷蔵庫に入れる（ちなみに、袋に入った削り節は酸化しないように窒素保存されている）。

あるとき、冷蔵庫に残っていた何種類かの削り節と煮干しを一緒に鍋に入れて炊き出すと、思わぬおいしいだし汁ができた。いろいろ混ぜているから、二度と同じものは再現できない。

たいていの日本人はいろいろと混ぜるという考えを持たないもの。習慣的にいろいろ混ぜてだしを取るなんてことをしたことがなかった。毎日台所に立つ母親なら、機転を利かして使い切る工夫をしていたのかもしれないが、私にとっては発見だった。これも二番だしと考えると、ようするになにをどんな風に混ぜ合わせても良いということ（一番だし以外はである）。今では、ラーメン屋さんのように、チキンスープを取るときも煮干しを入れて取るようになった。相乗効果でおいしくなったと思う。

ほんとうに簡単な日本のだし汁

日本のだし汁の取り方は、ほんとうに簡単だ。だしの材料は、乾物だから、保存ができて常備できる。棚から取り出し、水と一緒に鍋に入れて、火にかけて沸騰すれば、もうでき上がるのだ。これほど手軽で簡単なものはないだろう。中華や西洋料理なら、鶏ガラなどの生ものを用いるので、簡単にいつでもというわけにはいかない。そういう意味では、日本のだし汁はそもそもインスタントだと言える。お湯を沸かすことができれば、だしが取れる。椀に削り鰹をひとつかみ入れて湯をさせばだし汁になり、そこに焼き餅を入れて、醤油を垂らして味つけすれば、即席の雑煮ができ上がる。削り鰹、だし昆布を薄く削ったおぼろ昆布に変えても同じである。

だし汁と水

残っただし汁は、冷めてからペットボトルに入れて冷蔵庫に保管する。風味は落ちるが二～三日は使える。ペットボトルのだし汁が足りなければ、水で割って量を増やして使う。旨味が足りないなら、煮物をしながら、削り鰹をガーゼに包んで、鍋に入れることもある。これを追い鰹という。

ただ、濃いだし汁でつくったほうが良いというのも間違いである。味噌汁は味噌の風味を楽しむものと考えれば、だし汁はちょっと薄いかなと思う程度で味噌汁にしたほうがおいしいものだ。

白味噌などは、そのものに旨味が強いので、清い水で伸ばすだけでおいしくなる。鰹だしに白味噌を溶けば、鰹の臭いが強くて、まずいものになる。

実は、だしというのも、ある程度豊かでないと求められなかったものである。今、料理にはだしがなければできないと思われている風潮もあるが、これもより良い生活へのあこがれからきた発想かと思う。だし汁以前に水だけで料理したほうがおいしいものもあることを忘れてはいけない。すべては水から始まるのだ。

お塩のおいしさと健康のこと

味噌は塩分が多いというけれど

日本人の3分の2の人が生活習慣病で亡くなっている。その原因のもっとも大きなものは、運動よりも食べものにあるらしい。かつての日本型の食生活では、毎日食べているもので塩気の多く含まれているのは、味噌汁だった。だから、味噌汁を飲んではいけない、ということになった。

一九七〇年代以降、「味噌は塩分が多い」「塩分が多ければ血圧を上げる」「血圧が上がれば動脈硬化が起き、循環器疾患になる」などが定説になった（『正しい塩分の摂り方』五明紀春著より）。このように、味噌は成人病の元凶として悪者扱いされるようになり、ご飯と味噌汁という日本の食の形を失うことになるのだ。

このような味噌の評判の悪さが味噌の科学的研究を遅らせることになってしまったという。さらに味噌は生き物であり、微生物という有機体の集合で、昨日の味噌と今日の味噌は変化し、同じものではなくなる。味噌という菌類のつくる世界は、ひとつの特徴を示す科学的データがとれにくいという学者泣かせの食材であることも味噌研究を遅らせた原因だと言われている。味噌は良いものと、多くの人が経験的に知っていても、世の風潮から「味噌汁は身体に良いものだから飲みましょう」とは言いにくくなったのだ。

ところが近年、味噌の研究が進んで、味噌の悪評判を否定する報告が次々と出されるようになった。「味噌汁は血圧を上げるどころか血圧を下げる働きがある」「味噌からの摂取は、同じ食塩量でも三割の減塩効果がある」「味噌は老化を防止する」など、さまざまな味噌の健康効果が研究者より報告されたのだ。これによって味噌に対する誤解は解かれ、今では、味噌汁を控えなければならないという理由は、まったくなくなった（みそ健康づくり委員会ホームページより）。

江戸時代、「医者に金を払うよりも味噌屋に払え」と言われたように、長く日本人の健康を支えてきた味噌である。どうぞ安心して毎日飲んでいただきたい。味噌は日本人の健康の要である。

自然の保存食、塩蔵品

塩蔵品のおいしさは、食品の中のたくさんの好塩菌（乳酸菌など）がアミノ酸などの旨味成分を産生して、素材の持ち味以上に独特のおいしさをつくり出すところにある。好塩菌の数を増やし、雑菌を殺すだけの塩は必要で、これを減塩すると食べものは腐る。

市販されている漬け物などは、塩が嫌われるから減塩して、塩の代わりに保存料などの添加物を加える。すると好塩菌が産生するおいしさはなくなり、醗酵食品としての栄養価値もなくなる。それはただの調味液のおいしさで、漬け物を食べる本来の意味は失っている。塩蔵は人間が自然の摂理の中で発見した保存食の知恵である。塩辛いのがいけないのではなくて、こちらの食べ方の問題だと考えるべきだろう。大切に少し食べるべきものである。

塩を摂る量が多くなってしまうのはなぜかと考えると、それは目に見えない塩、直接舌で感じない塩をたくさん食べているからだろう。目に見えない、舌で感じない塩というのは、食べものの中に染み込んだ塩のこと。塩鮭、塩たらこ、イカの塩辛、ハム・ソーセージ、サラミ、にぎり寿司などをよく噛まないで食べると、食品の中に塩が入り込んでいるものだから、直接舌に触れて感じる以上にたくさん塩分を摂っていることになる。こういった食べ方をしていると、食べた後、しばらくしてから、ものすごくのどが渇くことになる。

それにしても人は「薄味が良い」「素材を生かしたお料理」「旬が大切」と謳いながらも、野菜よりも肉を好み、薄味よりも濃厚で塩味

の濃いもの、素材の味を生かすよりも濃いソースの味を好んで食べる傾向があってよく売れている。どうも人の言葉と行動は違う。日常の食事は手づくりして、季節を楽しみ、素材を大切にすれば、たいていは薄味でおいしく食べられる。手づくりの家庭料理で使う調味料の量はさほど気にしなくても良いと思う。

塩はいわゆる食塩よりも、天然の塩を使うと良い。天然の塩は精製度が低くて塩化ナトリウムは約六〜七割だが、マグネシウム、カリウムなどのミネラル分がより多く含まれている。そのために塩が甘く感じられ、しょっぱく感じない。

天然の塩の良いところは、おのずと減塩になるところ。また、味をつけるにしてもおいしさのストライクゾーンが広く、少し多めでも少なくてもおいしいものだ。ちなみに、私が使っている塩はフランスのゲランドの粗塩と沖縄の粟国《あぐに》の塩。

塩と身体

運動をして汗をかく。汗と一緒に出た塩で体中がしょっぱくなる。マラソンで身体から塩が切れると走れなくなるし、塩がないと水を飲んでも吸収できないから、エイドステーションに置かれた塩をつまんで飲み込んでまた走り出す。こんなとき、塩は人間の身体に必要なものと実感する。

食べもののおいしさは塩が引き出している。「おいしい」の意味は、食べものが人にとって必要な栄養素であることを示す。適度な運動をして健康的であるならば、おいしいと感じる最低限の塩は必要なものだろう。

国立がん研究センターの研究によれば、沖縄県は胃がんが全国で一番少ない。塩分の一日の摂取量も約8gと少ない。反対に摂取量が多いのは秋田県の約13g。胃がんでの死亡率は沖縄の三倍にもなるという。ゆえに胃がんの原因は塩であるとしているのはどうなのだろうか。

確かにこの数字だけを見れば、

塩は怖いと思う。しかし数値化されたものだけを信じ、思い込むところに問題が起こる。二〇一五年十月のニュースで、アメリカやヨーロッパと比較しても日本が一番塩の摂取量が多いと報じられた。しかし、どう考えても、その数字はおかしいと思って、信頼できる医学博士で管理栄養士の女史に訊ねたら、日本人は真面目だから、そんな数字が出ているのではないかということだった。想定できる塩をきちんと足し算していくとその量になるのだが、同一の学者が調査をおこなったものではなくて、各国から寄せ集めた数字をそのまま比較するとそうなるということらしい。

私は、経験的に料理の塩気が欧米のほうが多いと知っている。そのように考えると、秋田県では、塩に対してはとても敏感になっているという意識の違いから出てきた数字かもしれない。実際に、沖縄県でお料理を食べて薄味だと思ったことはないし、秋田県で食べても、しょっぱいと感じたこともない。どちらもちょうど良いあんばいだ。それよりも、沖縄の人は果物、野菜、昆布をたくさん食べる。塩だけを問題にするのはどうかと思うのだが。

海苔の香り、胡麻の香り

焼き海苔と炒り胡麻

海苔も胡麻も、昔はもっといい香りがした。海苔は自分で炙り、胡麻は自分で炒ったからだ。ところが、今、海苔は「焼き海苔」、胡麻は「炒り胡麻」として売られている。海苔も胡麻も香りが魅力。味蕾で感じる味よりも、嗅覚で感じる香りのほうがずっとはかなくて、風味の次に香りがなくなる。

ちなみに「風味」は、香りと混同して用いられることが多いが、香りよりもさらにはかなく、採れ立て、炒り立て、茹で立てといったフレッシュ感、一瞬の輝き、すっきりと雑味のないクリアなものに存在する説明のつかないおいしさ。これを昔の日本人は風味と言った。

手炙りした海苔にちょっと醤油をつけて、温かいご飯をくるんで食べる小さなのり巻き。上手に炒った胡麻をすり鉢に取ってあらずり、砂糖と醤油で味をして、茹で立てのほうれん草を和えた胡麻汚し。子どもの頃には毎日でも食べていた日常の和食こそが暮らしの原点ではないかと思う。

焼かれた海苔が売られるようになったのも、胡麻が炒って売られるのも、毎日でも食べるほど身近なものだったから。便利を優先して、気がつけばおいしさを犠牲にしていた。味が悪くなれば、食べる人も少なくなる。当たり前の身近にあった日本のおいしさはもうなくなった。おいしいものを食べようと思えば、自分でつくらなければならない。

海苔の焼き方

海苔は二枚を中表にして炙る。ようするに、海苔は裏側から炙るもので、表からは炙らないもの。裏から炙れば、香りが良くなるからだ。「なぜ、裏から炙ると香りが良くなるか？」と疑問を持った。知りたくて、色々調べてもどこにもその理由は説明されていなかっ

た。なぜだろうかと一年以上は答えが見つからなかった。ただ、ふとした瞬間に答えが閃いたときは「なんだ、そんなことか」と思った。それが間違いではないと確信できるほど、答えは明快であった。海苔の表はツルツルしているが、海苔の裏はザラザラしている。つまり、表の何百倍も面積が大きいので、裏から熱を加えれば、効率良く海苔全体を均一に炙ることができるのだ。表のほうから炙ればムラになる。

　海苔は二つ折りにして十枚を白い紙でからげて売られていた。海苔は海苔で良いのに、焼き海苔が出回るようになって、海苔は「干し海苔」と言われるようになった。最近では海苔専門店でも干し海苔はほとんど置いていない。焼き海苔のほうが手間が掛かっているので、加工賃で高く売れることもあるのだろう。

胡麻の炒り方

　胡麻はまだ生胡麻も売られている。胡麻がすべて炒り胡麻に代わらないのは、胡麻を炒るための設

備投資ができない。あるいは、胡麻のおいしさをよく知っていないと、胡麻炒りはつかみどころのない技術で、むずかしいからだ。
　古い料理教本にも胡麻はパチッとはじくほどに炒ると書かれているが、そのくらいでは香りは良くならないし、おいしくはならない。少量ずつ炒っても十分以上はかかる。なかなか青臭みがとれないので、火が弱過ぎるかなと思って少し強めるとすぐに焦げてしまって、それまでの苦労が一瞬で無駄になる。焦げれば苦くて、その胡麻は廃棄しなければならない。胡麻を炒るのは根気がいる。
　小さな胡麻が芯から熱くなって、ふっくらふくらんで、優しいきつね色になってくれれば、指先でつまんでつぶして香りで炒り加減を確かめる。強い香ばしい匂いがすれば炒り上がり。紙の上に広げて冷ます。

乾いたすり鉢にとって、すりこぎでザッとするだけで、部屋中が胡麻の香りでいっぱいになるほど胡麻の香りは強いものだ。

昔の人は味に厳しかった。調理の上で「きちんとする」というのは当たり前で、面倒だと口にすることさえ、恥ずかしいことだった。

ひと手間がお料理をおいしくするというのは、たいていの場合は当てはまらず、手をかけないもののほうがおいしい。工程が増えれば、食材に触る回数が増えて、まずくなるリスクが高くなるからだ。

ただ、海苔や胡麻のようにきちんと手をかけることで、まったく別物、そこになかった新しい味が生まれるものもある。

とろみのおいしさと効用

本葛

寒い日に、冷えた体を温めるものとして、「葛あん」を使ったお料理が、昔から親しまれてきた。葛には薬効があるとされ、子どもの頃に風邪をひきかけると、葛湯を飲ませてくれた。葛湯用に型で押したものを湯のみに入れて、熱湯を注いで練ると葛湯ができた。ほんのりとした砂糖の甘さに葛の風味が格別だ。匙を使ってゆっくりと飲むと、身体が温まった。

吉野葛が有名で、葛は夏の強い日差しを充分に受けられるように太く長くつるを伸ばし、たくさんの葉をつける。生命力が強くて他の植物を被ってしまうので、嫌われるが、根っこには光合成してつくられたでんぷんをしっかり溜め込んでいる。

根を杵でついてでんぷんを取り出し、きれいな水にさらして、攪拌と沈殿を繰り返す。天日にあてて水分を抜いて白くさらす。でんぷんを持った植物を水にさらして毒素を抜いて食料にする技術は、縄文時代からおこなわれていたことだろう。完全に水分が抜けた結晶を切り出し、木箱に入れて出荷される。上等なものは1kg一万円以上と高価だが、葛は最高のおいしいとろみになる。甘藷《かんしょ》のでんぷんでつくったものなのに葛と表示しているものもあるが、色を白く漂白しているので薬品臭が気になる。本当に葛の根っこからとったものは「本葛」と表示して区別しているようだ。

葛は、冬は身体を温めるとろみ、夏は口当たりの良い菓子になる。葛まんじゅうや葛きりの透き通る感じが夏らしい涼を呼ぶ。

葛まんじゅうをおいしく食べるには、常温に置く。暑いからと冷蔵庫に入れ放して冷たくすると、葛は白く濁って、食感も悪くなる。それは葛を練りあげた胡麻豆腐も同じ。葛でつくったものは食べ頃

がある。食べる三十分ほど前に冷蔵庫に入れて軽く冷えたところをタイミング良くお客様にすすめることが大事だ。

葛菓子のような繊細な和菓子をおいしく食べることは、自然と人間との良き関係である。日本人にとっておいしく食べるとは、美意識の問題が大きく関わり、五感のすべてを潤してくれる。

かたくり粉

かたくり粉は本来、かたくりという植物の根から取るものだ。かたくりは早春の日当たりのよい木立のあいだに濃いピンク色の花を群生して咲かせる。私もほんとうのかたくりの根から取ったかたくり粉を知らない。私が生まれる前から、市販されているかたくり粉は、芋のでんぷんでつくられたものである。

この芋でんぷんでつくられていたかたくり粉も、品質の落ちたものが出回るようになった。いつの頃からか、とろみをつけても力がなく、すぐに液体に戻って流れてしまうのだ。おかしいなと気がついて、昔ながらのつくり方をしている業者から今は買っているが、どうもおかしいと思われている人も多いと思う。

ちなみにわらび餅をつくるわらび粉も、葛のように、春の山菜で知られるわらびの根っこからつくられたものだ。本物は淡黒く粘りが強くて、風味も強い。珍味屋さんにお願いすれば手に入るが、一般に広く売られているわらび餅の粉は、やはり芋でんぷんである。本来とろみにもそれぞれの個性があるもの。味をつければ風味も分からなくなると思っているのだろうか。同じ芋でんぷんを使って、名前を変えて、売られているというのが現状だ。

とろみ考

寒い季節、汁物にとろみをつければ冷めにくくなる。温かいとろみは、飲んでいるだけでなくて、飲んだ後も身体の中でほかほかして心地良い。

和食では、葛で汁にとろみをつ

けるので、葛の名産地にちなんで吉野汁と呼ばれる。とろりとしたあんがかかっているお料理は、蕪《かぶら》蒸し、湯葉蒸し、冬瓜の海老あんかけ。やわらかく滑らかな食材を蒸し器に入れて火を通し、蒸し立てにとろりと熱々の葛あんをかける。葛あんはわさびや生姜と相性が良い。葛の少し癖のある風味を和らげ、引き立てる。蕪蒸しの蓋を取って熱い葛あんを崩して、匙ですくうとろみは、熱さを楽しむ料理である。

　この頃は、薄味が好まれるというものの、薄味のお吸い物のおいしさをつくり出すのは、一流料理人ならではのものである。とろみのないだし汁は、さらりと流れる一瞬で豊かな味を感じさせなくてはいけないからだ。しかし、だし汁にとろみがついていれば、口中をゆっくりと流れるので、味わう時間が長くなる。塩をかなり控えた料理でも、充分に満足できる。ここが、薄味で高級感のあるとろみ料理のおいしさの秘密である。

中国料理では多くの料理は油を使った炒め物にスープ（水分）を補って味をつけ、最後にかたくり粉でとろみをつけることで、複数の食材をひとつにまとめて仕上げる。油を使って高温で調理して、さらにとろみでくるんでしまうから、平皿に盛りつけても熱々を保つ。さらに、さまざまな食材を小さく刻み、組み合わせて、ひとつの食材にはない別の味をつくる。食材から出た煮汁や脂、加熱に用いた油も、すべてとろみで絡めてひとつにして食べきるのだ。中国料理とはなんと合理的な調理方法だと思う。

フランス料理では、牛や鶏の骨からスープをとって澄ませたのがコンソメスープだ。ゼラチン質がたっぷりと入ったコンソメスープを冷やすとコンソメゼリーになる。

夏の冷製料理には煮汁をゼラチンで固めたお料理がみられるが、これはゼリーを夏のとろみとして応用したもの。冷たいだけでなく、お料理に薄味でも満足させる口当たりの心地良さを与えている。

天ぷらのてんつゆに大根おろしをたっぷりと添える。水気をきったおろしが天つゆを含んで、揚げ立ての天ぷらに絡む。大根おろしも、とろみと同じ役割を果たしている。

このようにとろみは味つけや、食べる楽しみにも関わって、お料理の味わい、感じ方を豊かにしている。

包丁する という調理法

包丁と日本料理

「包丁する」と料理人は言う。切ると言わずに、包丁すると言うのは、切る以外の意味を多く含んでいるからだ。

いくつかの器の中からひとつの器を選ぶ。器によって、どのように切るべきかを決めるのは大事なこと。「包丁、お願いします」と料理長に申し出てひとつ、包丁してもらう。

料理人を指して「庖丁人」という。また、「板前」という呼び方も包丁を持ってまな板の前に立つ料理人の意。包丁は日本料理人の象徴となる。

日本は侍の国だった。その命と言われていたのが刀。一流の料理人が持つ、本焼きの包丁は、戦国時代が終わり、平和な時代になって料理の発展とともに刀鍛冶が造ったものである。

刀と同じように、包丁にも鋼を鍛錬した後に刃文が残る。侍の時代、剣術の技のきびしさを想像する。侍をもてなす一流の庖丁人が、どれほどすごみのある包丁をしていたのか、かなうことなら見てみたいと思う。

日本の包丁が生んだ お刺身という料理

お刺身またはお造りは、包丁するだけでつくる。「作る」ではなくて、「造る」という字をあてるのもお刺身だけである。そこに日本料理の本質的な意味を感じている。造るとは、巨大な建築や船、人間業ではつくれないものにあてる。

今では世界中でお刺身やお寿司を楽しんでいるが、つい二十年ほど前までは「生の魚を食べるなんて野蛮人だ」と言われていた。和食の繊細さは日本人でさえ分からなくなってきているのだから、彼らが本当にお刺身を理解しているとは思えない。欧米の名シェフと言われる一部の料理人や食通家を

除けば、生の魚であればだれが切っても同じと思っていることだろう。包丁によって味が変わるとは、想像できないだろう。

近年もっとも話題になったレストラン「エル・ブリ」のフェラン・アドリア氏。世界でもっとも新しい調理テクニックとコンセプトをもって、新しい料理の世界をつくった革命児だ。彼は日本に強い興味を持ち、繰り返し来日して食の体験を重ねた後に、次のように語っていたそうだ。

「日本料理は理解すればするほど分からなくなる。ただ醤油を使った、味噌を使ったから日本料理ではない。わさびだ、柚子だということでもない。もっと深い精神的なものの存在を感じる」。

これはアドリア氏の友人の渡辺《わたなべ》万里《まり》さん（スペイン文化の研究者）から聞いた言葉だ。彼らでさえ、分かりにくい、たいそう不思議な料理と思われているのが日本料理である。

「冴え」と「寸法」が大切な理由

「包丁する」には、「切り口の冴え」と「寸法を決める」という大きな二つの要素がある。

「冴え」とは、よく切れる包丁で

スッキリと切られた状態で、細胞をつぶしていないから玉ねぎでも涙が出にくく、リンゴなら変色しにくい。お刺身であれば滑らかで口当たりが良い、澄んで濁りのない光沢のある切り口を言う。

「寸法を決める」とは、食べる人を思って、箸でつまんで食べやすく、器との調和をふまえながら、姿形、大きさを、総合的に判断して導くこと。その背景にしっかりとあるのが、食べる人を思い遣る心と美意識だ。お年寄りなら食べやすく切り込みを入れるなど工夫して、さらに小さく切るなど。思い遣りとは、その人の顔を思い浮かべて食べやすく切るものだ。そして、美意識は普遍的なことであり、美しいことは調和であり、おいしさにつながる。

つきつめると、美しさは安心して食べられることの証明にもなっている。少し時間が経ったことを「風があたった刺身」などと言うが、表面の艶がなくなり美しさも失せている。自然の変化を自ら気づき、感じることである。不安や違和感のまったくない安心、信頼を、美しさはともなう。美意識があるからこそ、生で食べるお刺身という日本オリジナルの料理が生まれた。お刺身は原始的な生食では決してないのである。日本の料理には、「焼く」「煮る」「炒る（揚げる）」「蒸す」の他に「包丁する」という美しい調理法がある。

美意識をもって料理する

お料理も、花を生けるように、盛りつけを楽しんでいただきたい。まずは器を選んで、包丁をする。「きれいだな」って思うように、盛りつける。羊羹を切るにしても、どのように包丁するかが、料理を考えることになる。羊羹の甘さ。羊羹の固さ、柔らかさ。食べるのはスプーンか、黒文字か。食べる人の腹具合。器との調和。

切り方には必ず根拠がある。料理上手は、包丁のスピードや手際のかっこよさばかりではない。それ以上に美意識を働かせて、どう包丁するかを考えられる人のほうが、断然、腕は上なのだ。

器を使いこなすための器の見方

茶懐石の道具（器）

織部、染め付けなど日本らしい姿をした茶の懐石の器には、約束事がある。

「飯」「汁」「向付け《むこうづけ》」「煮物椀」「焼き物」「強肴《しいざかな》」「八寸」「香の物」「御菓子」と、合理的な料理の流れが懐石の献立だ。それはもてなしの心をもって、ご飯と汁を中心にして季節の菜、魚、珍味を過不足なく構成したものだ。ゆえにその合理性によってお料理になり、お膳の中に収まる器の「寸法」、手に取って汁までいただきやすい「形」、盛りつける「分量」などが決まってくる。

もてなしという場において、それぞれが役割を決められた器であるから、おのずと盛る料理がすでに決まってくる。その上で季節感を表し、美しく盛られる懐石料理は、亭主の心を表す道具として、非日常の場にふさわしい華やかさや渋さといった装飾性を持っている。ゆえに懐石の器というのは、あるべき場において、美しく用を成すのである。

日本の器は、茶の湯や料理の懐石料理とともに発展してきた。そうした伝統の中で、ひとつ一つが用途は同じであるが、雰囲気が揃っていれば違った文様、形をしていてもかまわないといった陶器（土もの）をつくる陶芸作家。また、分業によって、より安定した高い技術で、寸分違わぬ磁器をつくる職人（工房）たちが、驚くべき多様な器の国をつくっている。

ちなみに、現在の料理屋や和食割烹の多くは、茶をよりどころにして、約束に倣って献立をたてている。可愛いな、素敵だと思って料理屋と同じ器を買っても、家ではうまく使いこなせないことがあるのはそのためだ。

日常の器

懐石の器に対して、生活に必要

な暮らしの道具（器）を古くから焼いてきた、備前、信楽、丹波、伊賀、常滑《とこなめ》、越前、比較的新しい小鹿田《おんた》、益子、砥部《とべ》などの「焼きものの里」がある。毎日使う飯茶碗、なます鉢、湯のみなど用途が限定された器は、その形、大きさ、使い勝手の良さから形ができたものだ。楽しみや美しさよりも、用途を優先してきた道具である。

現代のつくり手、作家には、もてなしの器と生活道具としての境はなくなり、表現としての焼きもの――磁器も土ものもどちらもこなす作家も出て、より自由で多様な器が生まれている。

器を裏返して底を見る意味

お料理をいただいた後、裏返して、器の裏を見ることがある。日本人だけがやることで、外国では見たことがない。なぜそのようなことをするのか。

日本の器を見るときは、器の裏側の高台《こうだい》とその周辺や、高台の内側をしっかりと鑑賞している。あるいは、ものの善し悪しを見抜こうとしている。器の善し悪しや、器の面白み、本質というのはどういうわけかその高台のあたりに表れるからだ。

手に取っていい器だなと思って、裏を返す。表から感じた「良さ」を裏切らない「良さ」が裏側にも備わっていることを確認している。しかし、上から見て「感じがいいな」と思っても、返してみると「嫌な感じ」がすることもあれば、上から見ては分からなかった「面白み」や「力強さ」を見つけることもできる。裏側には、無意識のうちに、自ずから生まれてくる美しさ、あるいは作者の意識や遊び心を発見する楽しみがある。人間でいうならば、外見と内面の関係のように、表面的には感じられなかった魅力や才能が見つかれば嬉しい。そんなものが器を裏返すことで、「なんとはなしに感じられる」ようになってくるものだと思う。

器に限らず、壺でも、お盆でも、なんでもひっくり返して見るのが癖になってしまう。古い焼きものを見ると、器の表と裏側の関係性、そのバランスの良さが完璧なものが多いことに気づく。

高台はお料理の舞台の広さを示す

裏側にある高台が、器の表である皿面の使用できる範囲を示している。高台は器の台であるから、料理が盛られる「舞台の高さ」であるし、「舞台の広さ」ということになる。高台のつくりは器の用途を示し、舞を演じる「素朴な舞台」「豪華な舞台」の区別を生みだす。

その用途は大きく二つに分けられる。広くて力強い高台は安定感があって、上部の皿面全体を広く使える。もう一つ、皿面に対してスマートな高台は、高台の上部にあたる小さな範囲を使えるものである。

前者は、素材感のあるお惣菜をたっぷりと入れても、安定している。使用範囲が広く、日常の家庭料理にはとくに使い勝手の良い器である。皆さんの食器棚にある器の中で、「どういうわけか、いつも使ってしまう」というのが、こう

いう器だろう。ちなみに、洋皿の高台は広くて安定しているから、皿面全体に肉を載せ、ナイフとフォークを用いてもガタガタせず、肉を切りながら落ち着いて食べることができる。

こういった暮らしの中で頻繁に用いて活躍する器は、堅牢で比較的重く、厚手のものが多い。また、その重さが高台の安定感を補っている。実用に耐える民藝の器には、こういったものが多い。

後者のスマートで小さな高台、皿面に対して高台が細いものは、高台の上部にあたる狭い範囲に料理を盛ることで、安定して美しい姿をつくる。当然、料理の周囲には余白ができるが、その余白部分が装飾性ということになる。装飾性の高い美しい器に、少量のみ上品に盛る料理は、量は少なくとも、納得させるだけのご馳走でなければならない。ご馳走とは、上等な珍味、また日常的な食材でもとくにきれいに体裁を整えたものである。それでなければ、もたない。

高台の高さは、三方《さんぼう》など祭器に多く見られるように、その料理の格を高くする。ようするに、華やかな装飾的な器というのは、ハレの日の器であり、また、ご馳走をより価値のあるものに見せる。

このように考えると、高台のつくりがおのずとその器の使い勝手を決定して、用途を限定していることが分かる。

お茶をいただく「お湯のみ」の話

お茶番

料理指導の仕事で毎月長野に通ってうん十年になる。長野では友人、知人を訪ね、山や花、食べものの話がはずみ、ついゆっくりしてしまう。というのも、話をしているあいだずっと奥様や娘さんがお茶番をしてくれて、お茶とおいしい漬け物や季節の果物、山菜の醤油煮や菓子をいいタイミングで出してくれるからだ。

長野の子どもたちは、「お茶番しなさい」と客間に座らされて、お客様の様子を見てお茶がなくなればお茶をさすように教えられるらしい。こういったことで、大人の話も聞けるし、気遣いを覚えていくのだろう。

信州では役場でも会社でも、朝の十時と午後三時にはお茶とお茶菓子をいただく習慣があったと聞く。時代が新しくなって、時間や規則がうるさく言われるようになってなくなったが、自然に職場や地域の人びとのコミュニケーションの場になって良い習慣だと思う。これを生かせば貴重な長野オリジナルの魅力的なおもてなしにもなるに違いない。

長野は長寿県で男性はなんと全国で一位。その理由はさまざまだろうが、こういったお茶番ののどかな習慣が大いに役立っているのだと思う。

ローカル線の長野電鉄に乗っていると、土地のご婦人たちが漬け物の漬け方を教え合っていた。信州のように寒い土地には、漬け物自慢が大勢いる。漬け物樽の表面に薄氷が張るくらいの信州の冷たさが、とびきり上等の漬け物をつくるという。はじめて雪の野沢を訪ねたとき、お茶と一緒に出してくださった野沢菜漬けが忘れられない。漬け物樽から取り出した野沢菜をざくざく切って丼大の鉢に盛ってくれたのを、感激して全部食べてしまった。

余談であるが、こういう漬け物をいただいて持ち帰ると味が落ちてしまう。野沢菜のおいしさは、取り出してから三十分といったところだ。その後、急激に味を落とす。

それは、漬け物のおいしさをつくるのは人間業ではなく、乳酸菌などの微生物がつくり出すものだからだ。塩分、温度、水分、酸素、栄養といった環境である。微生物は漬け物樽の中でバランスのとれた生態系をつくり出している。温度が一℃変われば、生態系は変化する。環境が悪くなれば風味、歯切れ、色を失ってまずくなる。持ち帰ってもそれなりに食べられるようにと保存料と調味料で調えてお土産にしたものは、自然がつくったおいしさとはほど遠く、栄養価値もなく、すでに漬け物とは言いにくい。

お茶のもてなし

それぞれの土地に、さまざまな茶のもてなし方があるだろう。関西では出かける先で、気楽にお菓子とお抹茶をいただく機会が多い。茶道を深くたしなまなくとも、こだわりなくお抹茶を楽しむ風土があるようだ。

柳宗悦《やなぎむねよし》が提唱した民藝は、日常の暮らしを美しく豊かにしてくれる。私に家庭料理は民藝だと気づかせてくれた場所は、京都の河井《かわい》寛次郎《かんじろう》記念館だ。

何度も通ううちに、河井寛次郎の孫・鷺珠江《さぎたまえ》さんと仲良くなって、たびたびお茶をいただいた。気軽に寛次郎の茶碗にポットから湯を注いで抹茶を立て、もてなしてくれる。河井寛次郎や棟方志功《むなかたしこう》、濱《はま》田庄司《だしょうじ》らも、同じように茶を楽しんだことだろう。

とかく、茶の湯の道はきびしいものと別世界に感じられて近づき難い。自由に楽しんでいいのか悪いのかさえ、分からない人も多いと思う。茶は自由に楽しむものである。茶の湯の高見も、このような日常の茶が土台にあってこそだと思う。

茶碗という宇宙の中の緑色の茶、日本にはなんて美しいものがある

のだろうといつも思う。

沖縄の調理師学校の校長・安次富順子《あしとみじゅんこ》先生を訪ねたとき、伝統のブクブク茶でもてなしていただいた。きめ細かく強い泡が立つまでには、私の予想以上に時間がかかった。大きな鉢に手首ほどの太さで長い茶筅《ちゃせん》をコトコトと動かして、泡立てると、炒り米の匂いが香ばしい。しっかり泡立つのを待つあいだに気持ちが和む。

めいめいの茶碗に茶を注いでから泡立てたあぶくを載せると、見た目はまるで泡雪を載せたお菓子のようだ。きめの細かいしっかりしたクリーミーな泡を載せた、独特なお茶である。あぶくがおいしい、夢を食べる……それは沖縄の色の濃い青空に浮かぶ真っ白い雲を食べるようなお茶だった。

どの土地でも、植木屋さんや大工さんが仕事にくれば、間を見てお茶とお菓子を出していた。今でも、客間にはどこに行っても急須と湯のみが用意されているだろう。お茶は疲れた人をほっとさせ、人と人を深くつなぐ。茶を通じて道具に触れる。茶はさまざまな日本文化の発達の土台となっている。

「湯のみ」への愛着

お茶を注いで、手の中におさまる小さめの「お湯のみ」の手の感触を味わう。多くの家では、お湯のみは祖父も祖母も父も母も、兄弟も一人一人決められた湯のみを使う。お茶をいただくのに、各自が別々の湯のみを使う国は、私の知る限りでは日本だけだ。家族であっても人の箸を使うことも使われることもいやな感じがする。

でも、職場などの団体生活の場であれば、全員同じ箸が箸立てに立てられ、同じ湯のみや茶碗を用いることに違和感を感じることはないのは不思議だ。職場では、みんなと同じであることに安心している。一方、家庭という社会から解き放たれたところでは、日本人は自己を主張するのだろうか。家族はわがままを聞いてくれる存在なのか。湯のみであっても、ひとつの道具に対して自分だけのものとするところに、強い愛着心が生まれるのだろう。谷崎潤一郎は、骨董は性欲の変形であると言う。ようするに、谷崎は、歪んだり、滲んだり、錆びた焼きものの中に多様な美しさを見い出しているのである。

小学生の頃だろうか、母と一緒に、せともの屋さんのショーケースに並んだたくさんの湯のみの中から、自分のものを選ばせてもらったことがある。じっくり眺めて選んだのが、京焼きの祥瑞《しょんずい》の湯のみ。「あんたが一番上等なん選んだなあ」と言いながらも、買ってくれた。

自分で選んだ湯のみは、それまでのものとは、何もかもが違っていた。こういったことが美意識というのか、きれいなものを愛おしく感じることのきっかけになるのだろう。

家庭の飲み物

飲み物をそれぞれおいしくいただくには、ふさわしいカップなりグラスがあるというが、水、コーヒー、紅茶、日本酒、ビール、ワインだけでも何種類もある。それぞれにこだわりを持てば、その形状や素材はさらに細分化されて、数が増える。

家庭ではすべての飲み物に対応してカップやグラス、盃を揃えるのは無理なので、ある程度は併用することになる。

この頃よく使われるのが、マグカップ。子どもの頃よく見たアメリカの人気番組「ローハイド」が懐かしい。カウボーイが、金属製の取っ手のついたカップでコーヒーを飲んでいた。また、豆のスープを食べたり、強い酒を飲むこともあったように思う。あれがマグカップの原形かと思われる。おそらく使い方にルールはないだろう。確かに便利ではあるが、マグカップはキャンプ用の道具だ。それが、今ではキャラクター商品やお土産物となって、自分で買わなくてもどこの家庭にもいくつもある。

昔の職場では、重ねられる厚手の「汲み出し」とガラスのコップ

が用意されていた。今では、お茶以外のコーヒーなども飲むようになった。大きな会社では使い捨てのカップが用意されている。小さな職場の多くでは、社員はめいめいのマグカップがあるのだろう。マグカップの成り立ちや持ちやすさ、無国籍性が、どんなものでも飲めるからだろう。

ただ日本のお茶はおいしく飲めない。お茶は湯のみでいただくことが、私たちの文化だ。

私のアトリエ、料理撮影となれば、多くの人が出入りして長時間一緒に過ごす。仕事中に水を飲み、休憩時のお茶菓子に応じて、お茶やコーヒーを飲む。それぞれに湯のみやコーヒーカップを用意して飲む余裕はないから、紙コップを使うことが当たり前のようになっていた。使い捨てとはもったいないので各自が名前を書くしきたりもできている。でも味気ないし、水を飲んだ後にコーヒーを注ぐと、紙コップもよれよれになる。

そこで、何より日本茶がおいしく飲めることを優先して、なんでも飲めるカップを友人の陶芸家・箱崎竜平《はこざきりゅうへい》さんに頼んでつくってもらった。

電話で状況を説明した。お茶がおいしく飲めること。汲み出しのようにスタッキングできること。持ちやすいこと。コーヒーや水も飲めるモダンな感じがあること。

お茶がおいしく飲めるというのは、ひとつ一つ形が微妙に違う「ろくろ目」の情緒性にある。型物の工業製品になると西洋的になる。

出来上がってきたのが、このOyunomiである(右ページ写真)。

暮らしの習慣の中で生まれ、工夫され、使われる生きた道具は、私たちの暮らしが変わればなくなっていく。こういうものは、変わってしまった、なくなってしまったというだけでは、日本人の感性の喪失で、あまりにもったいない。これで飲むとおいしい、これを使いたいという楽しみこそ大切なように思う。

大根の一年

年の暮れの大根

畑にある大根を引き抜き水槽の水に浮かべ、タワシで洗って泥を落とすと、その白さに驚かされる。一年中ある大根も、十二月からがほんとうの旬である。神社の境内では市が立ち、掘り立ての大根葉付きの大根が積まれている。

持ち帰るなり、まな板に置いて大ぶりに切ると、大根のおいしさを伝えるなめらかな包丁の感触が心地良い。油揚げと一緒に大鍋に入れ、たっぷりのだし汁を注ぎ、醤油を回し入れて直煮する。ただそれだけで、後はじっくり大根が醤油に染まるまで煮る。煮え立てはすっきりとした大根そのものの持ち味がおいしい。

翌日もう一度火を入れて、芯まで飴色にだしが染みたのを食べる。最後に、鍋の中で冷たくなった、のど越しが良い大根をいただく。

大根についていた青々とした葉も刻んでちりめんじゃこと炒り煮にしていただく。大根葉は筋が柔らかくて味が濃い。これで一本まるごと食べきったことになる。

餅つきの日にも大根は欠かせない。つき立ての餅を、たっぷりの大根おろしの中で小さくちぎる。

大根おろしにからまった餅に醤油を垂らしていただく。

一番おいしいときに大根が「くの字」になるまで干し上げて、塩をしてしっかりと重しをかけて仕込む沢庵。去年の漬け樽の底で押しつぶされた一年前の古漬けを、正月前に全部取り出して、薄切りにして水に浸して塩抜きする。胡麻油で炒め、だしじゃこで取った濃いだし汁で鷹の爪を入れて煮る。古漬け沢庵の喰いおさめでありながらも、格別の美味。正月料理となって紅鉢に盛られた。「漬けもんのた(炊)いたん」は、みんなの好物だった。

大根はそのまま畑におけば、寒さにあたって凍《し》みてしまう。凍みる前に引き抜いて、葉を落とす。温かい雪の下に穴を掘り、大根を入れて筵《むしろ》をかけてそのまま保存する。土の下で大根は熟すように程よく水分を飛ばし、春、新しい命が動き出すまでのたくわえになる。

大寒

寒さたけなわ、海が荒れて、寒《かん》鰤《ぶり》が踊り出す。雪の下にあった大根は包丁が触れただけでパキッと割れる。無造作に乱切りにして、鰤のアラと大根、生姜を鍋に入れてかぶるくらいの水を注いで、強火にかける。アクをとって砂糖とみりんで味つけし、落とし蓋をして煮る。十分ほどしてから醤油を入れる。さらに三十〜四十分ぐっと煮詰めると、大根は飴色に染まっている。鰤アラと大根の煮え加減がぴたりと揃う、「出会いもの」である。

寒が明けるころ、大根の頭から、新しい芽の薹《とう》が出る。「とうがたつ」のは命をつなぐことだ。季節が進み、淡い色の花を咲かす。柔らかい新芽は粥に炊き込む。新しい命の始まり。

初夏の候

夏大根の種をまく。その新芽をつまみ菜という。関西ではすり身の揚げ物を天ぷらと言うが、木耳《きくらげ》の入った「白天《しろてん》」を買ってきて、つまみ菜と一緒に煮るのが定番。つまみ菜は貝割れ大根として通年売られるまでは夏の楽しみであった。つまみ菜は、どっさり入れても火が通れば、量はずいぶん少なくなる。関西の夏の「つまみ菜の煮浸し」はピリッと辛みが利いている。

　夏の大根は種をまいてから収穫まで六十日程と、成長が早い。「夏の暑い日、アイスがない頃食べたのだ」と、新潟で車麩《くるまぶ》をつくるお家でいただいたのが、「氷なます」。塊の氷が入った涼しげな鉢に、夏大根をガリガリと鬼おろしでおろして、水で戻した麩をちぎり入れ、胡瓜をささがく。砂糖、塩、酢を回し入れて味つける。汗をかいて家にかけ戻った子どもたち、母親がつくるのをじっと見てたんだなと、想像してみた。とてもいい料理だなとうれしくなった。

初秋の候

　冬大根の種まきは、大根が二股にならないように、しっかり深く耕して石を丹念に除く。真っすぐの大根をつくるのが、手を抜かない祖母の誇りだと聞いた。そんなことを知らないで大根が真っすぐなのは当たり前のことだと思っていた。

　大根が少々大きくなったとき、強い大根を残して、後は引き抜いて間引く。いかにも柔らかそうな葉と小さな根をつけた「中抜き大根」または「間引き大根」。根も葉もざくざく刻んで炒めて、適当に味つけするだけで良い。地方の無人市や八百屋さんの店先で見かけたら、即買ってしまう。

初冬の候

　肌寒くなれば、おでんの売り込みが始まる。「おでん」のことを「関《かん》東炊《とうだ》き」と関西では言っている。ちくわや厚揚げ、こんにゃく、魚のすり身を揚げた天ぷら、じゃがいも、大根、茹で玉子と一緒に串に打った牛筋とコロを煮込む。「コロ」とはクジラの皮の乾物。私としてはコロがないと関東煮のほんとうの味は出ないと思っているが、

牛すじだけでも充分においしい。

関東炊きの大根の下ごしらえは皮を厚めにむく。これを米のとぎ汁で茹でて水に浮かべると大根は透けるような感じになる。おでんのだし汁で下ごしらえした大根の芯が琥珀色に染まるまで煮る。箸を入れればそっと抵抗なく割れる。贅沢な具と一緒に煮る関東炊きは、冬のご馳走である。むき取った皮は、短冊に切って、酒と醤油を一対一の割合に浸して「大根の醤油漬け」にすると良い。

大根の一年を通してみれば、どれだけ大根が私たちの暮らしとともにあるのかが分かる。大根はあたらない（食あたりにならない）ということで、大根役者とは素人の下手な演技と聞くが、実際には、もっとも身近で親しみをもって愛される役者じゃないかと思っている。

日本のお米 日本のご飯

飽きないもの

どんなおいしいお料理だって二食続けて食べたいとは思わないものだ。でも、ご飯は、毎食食べても飽きることがないのはなぜだろうかと考えていた。「毎日食べられるから主食」では説明にならない。お米に火を入れるだけで味つけもなしで、おいしく食べられる。味つけしないということは、人為がないこと、そのおいしさは自然。自然の景色を見てきれいだなと感じ、自然に抱かれる心地良さから、自然が私たちを育んでくれていることが実感できる。ご飯は人の手が入らぬ自然そのままだから飽きることはない、と思い至る。

実際に白いご飯の良さは、塩も油も砂糖もなにも入っていないところにある。ゆえにどんなおかずとだってよく合う。戦後、「ご飯を食べると馬鹿になる」とある学者が言い出して、日本の食文化を否定し、多くの人がそれを真に受けたことがある。米をつくり続けてきた農民は、さぞ悲しかったろう。

最近また、炭水化物は身体に悪いなどと聞くことがあって、それを実践する人も多いようだが、調べてみると米が身体に悪いなんてことはないようだ。

医学博士の本多京子《ほんだきょうこ》先生によると、パンにはすでに塩も油脂も砂糖も入っているが、ご飯には何も入っていない。白いご飯でも玄米でも良いが、昔からそうしているように、一日のエネルギーの半分はご飯から摂るのがよい。塩分を含むナトリウムの摂り過ぎをよく指摘されるが、白いご飯にちょっと塩をつけて食べるナトリウムの量はたかが知れている。多くの加工食品は、よりおいしさを感じさせるために、外からは見えない塩分を多く含んでいる。そうした食べものの内側に含まれるナトリウムを無意識に摂ることになるほうが問題である。

さらに、ご飯は粒だから良い。パンなどの粉食はすぐに吸収して血糖値を上げるが、粒食はゆっくりと吸収されて徐々に血糖値を上げて、エネルギーを長く持続することができる。

　味のつかない白ご飯だから良いにもかかわらず、駅弁では白いご飯よりも混ぜご飯が、おにぎりでも味をつけたもののほうが売れている。子どもたちを指導している栄養士さんに聞けば、味のついていない白いご飯が食べられない子どもがいるらしい。だから、ご飯に味をつけるのだろうか？　私にすれば、それはほんとうのご飯のおいしさを知らないのだろうと思う。おいしいご飯を食べさせてあげてほしいと願う。

おいしいお米

　おいしいご飯というのは、ブランド米で高性能の炊飯器や土鍋を使えば炊けるというものではない。

「玄米で保存しているのは日本だけで、アジア諸国の国際基準は籾保存。玄米にすると、梅雨時の湿気で著しく食味を落とし古米となる。昔の農家が自家消費のみ籾米で保存するのは、おいしく食べるため。明治政府は保管、輸送コスト削減のために玄米貯蔵を強制したのは地主制ができた明治三十年代」（『日本の風土食探訪』市川健夫著より）とあるように、合理化や何らかの思惑によっておいしさは犠牲になってきたのだ。

　その保存方法や精米方法、火を入れるまでの米の扱い方によって、ご飯のおいしさは変わってくる。玄米を精米して白米にするが、その精米機の発達によって、短時間でぬかを落とし、精米できるようになった。このときに熱を持つと乾燥して食味を落とす。吟醸酒のための精米であれば、熱を持たさないように、慌てず、一週間も時間をかけて精米する。便利な精米機が今日開発されているが、昔ながらの精米機にこだわる人もいる。

　子どもの頃、米櫃《こめびつ》に手を入れて生米を触った感触を思い出していただきたい。その頃の米を手で触れれば、ぬるりとしっとりしてい

ただろう。ところが、今は乾いた感触だ。ぬるりとした触感は油を含んだ米ぬかがついているからで、それが取り除かれればかさかさする。米ぬかは米の洋服であり、保湿効果でおいしさを保つが、丸裸にされたのではすぐに乾燥する。中には割れやすいものも出て食味を落とす。米の表面にある程度ぬかが残っていれば、袋からあけてもしっとりしておいしさは保てるが、かさかさした米は、精米し立てであっても封を切ればすぐにまずくなる。

あまりに味の変化が早くてひどいと思えば、お米屋さんに相談するとよい。ほとんどの米に米ぬかが残っていないから、米を「研ぐ」

ことも不要になった。

洗い米のすすめ

せっかくのおいしいお米であるからおいしく炊かないともったいない。同じお米を炊いたとしても、そのやり方によってご飯のおいしさは違う。

お米は豆や他の乾物のように水分を含ませてから水加減して炊く。まず、米は手早く洗ってからすぐにざるに揚げることが重要だ。この「ざるに揚げる」ということを、ほとんどの人が今はやらなくなったが、かつてはどこの地方にも竹で編まれた米揚げざるがあったように、必ずしていたことだ。

ざるに揚げてから途中で一度返して、夏場で三十分、冬場で五十分くらいを目安にして米に水分を吸水させる。ざるに揚げているあいだに、表面にある水分を吸水して米はふっくらと膨らむ。同時に、余分な水分は除かれることになる。

注意することは、ざるに揚げたまま放置すると、再び乾燥して割れ米になることだ。割れた米はぼそぼそして食べられない。

また、米を洗ったあと、水につけっ放しにしてはいけない。なぜかというと、米は水分と出会った瞬間から醗酵が始まるからだ。ひとつの菌は、八〜十分に一度分裂して、一時間後に六十四個、五時間後には億単位になる。ゆえに、膨大に増える雑菌のために米の食味を悪くする。米は「きれいな水で水加減してすぐに」火を入れて炊き始めなければならないのだ。

米が水分をふくんだ状態を「洗い米」という。洗い米は白くなってふっくらとしていて、触ればしっとりと冷たく気持ちが良い。「洗い米と同体積の水分」の水加減が基本で、水加減してすぐに炊きはじめることで、米のおいしさは最高に生かされる。

米を洗ってもすぐにご飯を炊かないことがあるだろう。前もって洗い米を用意しておけば、帰宅後すぐに炊き始められるし、早朝に炊き上げたいときも便利だ。まず、米は洗ってざるに揚げる。これをしっかり水切りして、すぐにポリ袋に入れる。これだけで良い。ポリ袋の口を縛り、冷蔵庫に入れておくことで、雑菌は繁殖しにくくなる。洗い米であれば、炊飯器の「急速」や「早炊き」の設定で、三十分ほどで炊き上げることができる。一般的な炊飯器で普通に炊けば一時間近くかかるが、それは吸水していない米をいきなり炊き始めるように設定されているからだ。洗い米は保存のためにするのではないが、朝に炊かなければ、夜まで取り置いてもかまわないのでとても便利だ。

　しかもそのおいしさの違いは歴然で、黙って家族に出せば「今日のご飯、おいしいね。お米が変わったの?」と聞かれるかもしれない。後は、おひつに移して、おいしさを損ねないようにすることをすすめる。（P・062「おひつご飯のおいしさ考」参照）

ご飯の直火炊き

炊飯器で炊くのであれば問題ではないが、直火炊きの炊き方を知っていると、いざというときにも役に立つ。昔から言われるように、ご飯炊きのコツは「はじめちょろちょろなかぱっぱ」。はじめちょろちょろ、とは最初は弱火にしてゆっくりと温度を上げていくことを言う。いきなり火を強くすると中の水分だけが沸騰するので、水と米の温度が一緒に上がっていくように中火弱くらいにする。そうすると、温度が上がるにつれて湯気が立ち上がって、いいご飯の匂いがしてくるはずだ。いい匂いから、忘れていた懐かしい記憶が蘇ってくるかもしれない。

　沸騰すれば、吹きこぼれない程度に火加減を整えて五分ほど煮立ちを保つ。それから弱火にして十～十二分くらい炊く。火を切る前に少し強めて余分な水分をとばして、火を止める。火を止めてから十分ほど蒸らして炊き上ったら、蓋を取って底から混ぜる。またはおひつに移す。

　土鍋は、熱伝導が悪いのでなかなか温まらない。そのかわり熱くなれば冷めにくくなる。土鍋のこの特徴が、おいしいご飯を炊いてくれる。

ご飯専用の土鍋であれば、説明通りに炊いていただけばよいのであるが、最初から強火弱にして炊き始めて煮立てば、すぐに火を弱めても、あるいは止めてもおいしく炊き上がる。土鍋は熱くなるまでに時間がかかるので、自動的に「はじめちょろちょろ」となって、沸騰してからすぐに弱火にしても、「なかぱっぱ」を持続するからだ。土鍋のほうでご飯をおいしく炊く要素を引き受けてくれている。

ご飯の上品ないただき方

ご飯の食べ方なんて好きに食べればよいが、おいしいご飯の味わい方というものがある。東京・浅草橋にある鮒佐《ふなさ》さんは、江戸より続く佃煮の老舗。お店はビルの一階にあるが、ビルの屋上まで煙突を伸ばして、今でも薪を使って佃煮を煮ている。

熱源で煮物の味は違う。道具に限らず天然自然の素材の燃料のほうが、なんでもおいしくなるのは不思議であるが、それが自然の豊かさだろう。

鮒佐の仕事場に入れていただいたことがあるが、無駄なものはなく、掃除が行き届いて、凛とした空気が張りつめている。昔ながらの木おけと竹笊。薪は皮目と芯を区別して積み、必要に応じて竈《かまど》に焼《く》べて、火加減を調整する。仕事中は、薪の木がぱちっとはぜる音、鉄鍋の中で細かい泡をたてて煮汁が煮立つ音が立つ。近代的な金属製の道具を使わない心地良さがある。ほんとうにおいしいものは、こういうところでできてくるのだ。

佃煮を白いご飯と一緒に食べてほしいとご主人は言う。佃煮を食べてから、その残り香でご飯を食べる。これが昔の日本人の食べ方である。そうしてはじめて滋味を味わうことができる。

お茶事でも、ご飯の上に向付けの魚を載せて食べるようなことはしない。ご飯を中心にして、きちんと区別して食べることで、ものの味がよく分かる。結果、よく噛んで食べることになるし、少量で満足できる。

私たちは「稲」を植えて収穫し、脱穀して「籾」を保存する。籾すりした「玄米」を精米して「白米」を研いで炊き、「ご飯」を食べる。ひとつの植物なのに、これだけ名前が変わるのは、米が私たちの暮らしとともにあったからだ。

米の一人あたりの消費量は五十年前の半分になった。家庭での米の消費額をパンの消費額が追い抜いた。私たちは日本人だ。どうすれば米離れが止められるのか。大人が、お米を食べてきた歴史や意味を伝えることだと思っている。稲をつくり、ご飯を食べてきた人の心を知ることだと思う。みんなが努力しなければ、日本は食文化を失ってしまうだろう。

お料理の姿 人の姿

日本の食べものの形

アジアを旅した。カンボジアで家庭料理を食べた。放し飼いにされた鶏をつぶして、少々クセのある野菜を入れた煮込み料理。沼にいる生きた蟹と野菜のスープ煮。どっちもあまり味は変わらない。たぶん一年中同じようなものを食べているのだろう。

タイではさまざまな麺やご飯ものを食べた。その上に揚げたり、焼いたり、蒸した肉、内臓や鶏を載せ、生野菜が添えられていた。自分の好みで数種の辛いたれをかける。どれもおいしく、楽しんで帰国した。

羽田空港の税関に、握り寿司の大きな写真があった。それを見た瞬間、私の頭に日本の和食のイメージが広がったのだ。「日本料理はほんとうにすっきりしてきれいだな」と。今、世界中が和食に注目していると聞くが、世界の料理の中で、和食の美しさは際立っている。

子ども頃、お豆腐屋さんにたらいを持って行くと、おじさんが形を崩さないように、大きな水槽の水に手をザブリと入れて慎重に豆腐をすくってくれた。私が子どもの頃の豆腐は半分に切ればきっちりと正方形になって、染め付けのなます鉢に盛ると、丸に四角で良く映った。葱をごく薄く刻んで水に軽くさらし、おろし生姜とともに豆腐に盛り添えると、とても良い景色が生まれる。想像しただけで、夏の冷や奴の涼しげな姿が目に浮かぶ。

冬の湯豆腐では、半分の豆腐をさらに十字に包丁すると、真四角のやっこ切りになる。昆布だしを張った鍋の中で、豆腐がゆらゆらとして浮かんでくれば、網ですくい取って、醤油だしでいただく。日本の暮らしの中の身近なものの中には、美しいものがたくさんある。

柔らかくて崩れやすい豆腐は、

角がピシッと立っていることが肝心で、角が落ちれば、売り物にもならない。貧しい家の子が豆腐を買いにくれば、わざと角を欠かして、「これは売り物にならんから持ってかえり」と、手に持たせる豆腐屋さんの人情話も生まれた。「豆腐の角で頭打って死んでまえ」と冗談を言った。私たちにとって豆腐の角にこそ意味があったのだ。パックに入った豆腐は、取り出す時に角が壊れやすいうえに、裏返せば（パックの）寝癖までついている。これで、日本から豆腐の角という美しいものがひとつなくなった。

「姿のいい人」と言えば、たんに外見が美しいだけでなく、その人の内なる心が、振るまいや身だしなみに表れた美しい人を言う。日本人は食べものに対してもいつも美しさを求め、盛りつけられた豆腐のような身近なものにさえ、姿がいいな、という。それは自然と常に心深く関わり、その美しさを料理の器の中にも表そうとするものである。

手をかける喜び

おめでたい日やもてなしの日には、ご馳走をつくる。だれにとっても嬉しいお米を使った料理、お寿司やお赤飯、餅菓子をつくることが多い。普段は決して混ぜることを良しとしないのに、手をかけて混ぜ、形を美しく整えることがなによりのご馳走となるのは、人間ではなくて神様をもてなすための供物だからだ。

お祝いの料理はそもそも、神様のために人間が工夫をしてつくったもの。そのお裾分けを人間がいただく。神社などでは、装飾に細かい彫り物を施して、神様に喜んでいただくことをするのがまつり事。ゆえに、一年の節目のおせち料理は、手をかけてつくることに意味がある。それは感謝を表し、家族の幸福への願いを強く込めることになる。

漆を塗り、蒔絵を施した美しい箱には宝物が入っているもの。漆（うるし）とは麗しい（うるわしい）が語源である。漆はどんな天然素材よりも強く、濃塩酸、濃硫酸にも耐えられるほどで、一度固まった漆はびくともしないのだ。何百年でも変化することがないもの。ゆえに日本では大昔から大切なものは漆の箱、お重に入れる。後世に伝えるべき大切なものを詰めたのが、お重詰めである。

「神まつること、神居ますように」

心を込めて、ていねいに、きれいに整えて料理するうちに、その人自身のふるまいが美しくなって、たいそう様子が良くなっていく。

それは日々お料理をする母親の姿である。

あとがき

調理とは、調理経験のみが技術を向上させるのではない。おいしいもののまわりにあるなにかを感じること。それは家族、人の人生、歴史や文化、信仰や哲学によって素材との接し方を見極めることである。おいしい食べものは、必ずひとつの文脈の中に存在する。

本編でも書いたが、「なぜ海苔は裏から炙るのか」という小さな疑問を持ち、どこにも示されていない答えに、気づくことが進歩であった。

修業時代、老舗料理店「味吉兆」の主人・中谷文雄氏は、戦争で手を怪我されて庖丁が自由にならなかった。しかし、だれよりもご主人の庖丁がすばらしかった。料理は技術ではないことの証明である。

同じような器でも五千円のものと、五万円のものがある。その違いが私には分からなかったが、見えないものが見えたものの勝ちであることに気がついた。疑問を下手に訊ねれば「料理は理屈じゃない」と叱られた。それでも分からなくて訊ねると、ご主人に「おまえの名前は〝これなんですか〟にせえ」と言われたが、公私の御用の運転手のあいだに色々と話してくれた。

そのうち、伝統的なものや調理の基本の中にも間違いや不要な手順が含まれていることに、気づくようになった。なぜそんな間違いが起こるのかと考えた。プロの高い技術ばかりではなく、家庭料理の視点から命をつくる調理の普遍性を学んだ。外国を旅し、比較することで、当たり前だと思っていた和食の不思議に気がついた。多くの気づきのきっかけを与えてくれた多くの人に感謝したい。


これは、テレビ朝日「おかずのクッキング」で二〇〇七年から二〇一二年まで連載した「おいしいもののまわり」を大幅に加筆・修正したものである。

日本のお料理を、「命つくるもの」あるいは私たちの地球の姿と見做《な》し、「大気の青」「植物の緑」「黒い土」「命の水色」「火の赤」から縞文の美しい表紙をつくってくれたのはデザイナーの柿木原政広さんだ。通常は、著者がデザイナーと話すことはいけないという決まりでもあるのかと思うほど、デザイナーとは会えないもの。柿木原さんはなんども私の「おいしいもの研究所」に来てよく話を聞いて、また、よく説明してくれた。それは、京都の御菓子屋に大切な茶事の菓子の相談をする客の気分だった。大切にしていただいて、まさにデザインのオートクチュールであった。

ありがたい。

原稿は、連載をまとめるだけだから手間もかからないと思っていたが、読み直してみると、あまりに稚拙な文章に恥ずかしくなった。このままではいけないと、その多くを改めずにはいられなくなった。その作業は、過去の疑問への解答であるが、さらなる未来のためにひとつのけじめをつける機会となった。

当時、未完成であるのに文句も言わずに好き勝手させてくれた「おかずのクッキング」元編集長・稲葉真希子氏の度量の大きさに改めて驚かされたが、この場でお詫びとお礼を申し上げたい。また、日本民藝館の講演を聞いて、ぜひにと、声をかけてくれた大庭久実氏に支えられた。お礼を申し上げる。

平成二十七年十月十三日　土井善晴

土井 善晴（どいよしはる）

料理研究家／一九五七年、日本の家庭料理の第一人者であった料理研究家・土井勝氏の次男として大阪市に生まれる。スイス・フランスでフランス料理を学び、帰国後は老舗の料理店・大阪「味吉兆」で日本料理を修業。土井勝料理学校勤務ののち一九九二年に「おいしいもの研究所」を設立。以降、日本の伝統生活文化を、現代の暮らしに生かす術を提案。家庭料理を食の講演会、メディアを通して広く指導。レストラン等のプロデュースなど、活動の幅は多岐にわたる。

一九八八年～「おかずのクッキング」（テレビ朝日系）、一九八七年～「きょうの料理」（Eテレ）レギュラー講師。近著に『土井善晴さんちの「名もないおかず」の手帖』（講談社＋α文庫）、『土井善晴のレシピ100料理がわかれば楽しくなる、おいしくなる』（学研パブリッシング）、『ごちそうのかたち』（テレビ朝日）。

文・道具選　土井 善晴
写　真　澤井 秀夫
ブックデザイン　柿木原 政広（10inc.）
西川 友美（10inc.）

おいしいもののまわり

2015年12月25日 初版第1刷発行
2024年1月25日 初版第9刷発行

著　者　土井善晴
発行者　西川正伸
発行所　株式会社 グラフィック社
〒102-0073 東京都千代田区九段北1-14-17
TEL 03-3263-4318
FAX 03-3263-5297
https://www.graphicsha.co.jp

印刷・製本　図書印刷株式会社

進　行　大庭 久実（グラフィック社）

ISBN978-4-7661-2826-0　C2077